Couverture :
**Le mariage de Charles IV le Bel
et Marie de Luxembourg – B.N.**

Dos :
**Le couronnement de Louis VIII
et de Blanche de Castille – B.N.**

Pages de garde :
**Ecole Française du XVIIIème siècle
Album du sacre de Louis XVI :
le roi mené au trône.**

Pages 6/7 :
**Ecole Française du XVIIIème siècle
Album du sacre de Louis XVI :
le lever du Roi.**

Page 9 :
**Ecole Française du XVIIème siècle.
Louis XIV en cuirasse, vers 1675.**

Tous droits réservés :
© MOLIÈRE, Paris,
pour la présente édition.
ISBN : 2-8598-4087-7
Dépôt légal : 4ème trimestre 1997
Impression : P.P.O. - Pantin
Reliure : Ouest Reliure Rennes

Crédit photographique :

Ce livre a été réalisé avec le concours des Musées Nationaux,
à l'exception des pages : 14/15, 20/21, 48/49, 54/55, 60/61, 67, Bibliothèque Nationale de
France et des pages 35, 43, 51, Wawczak.
Production : Judocus.

ROIS
DE FRANCE

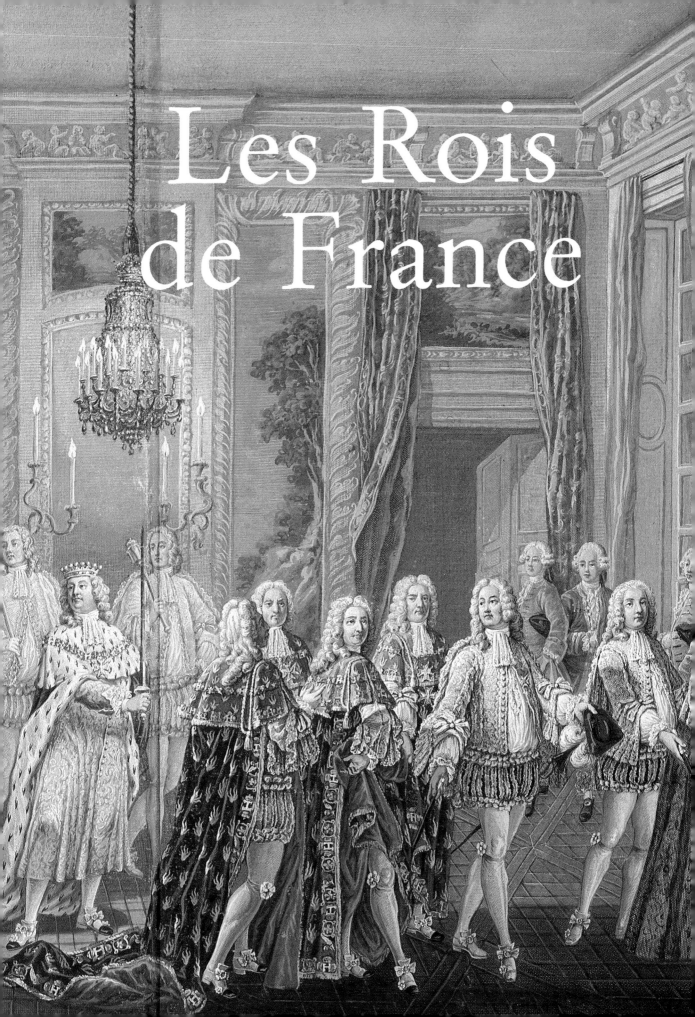

Les Rois
de France

Table des matières

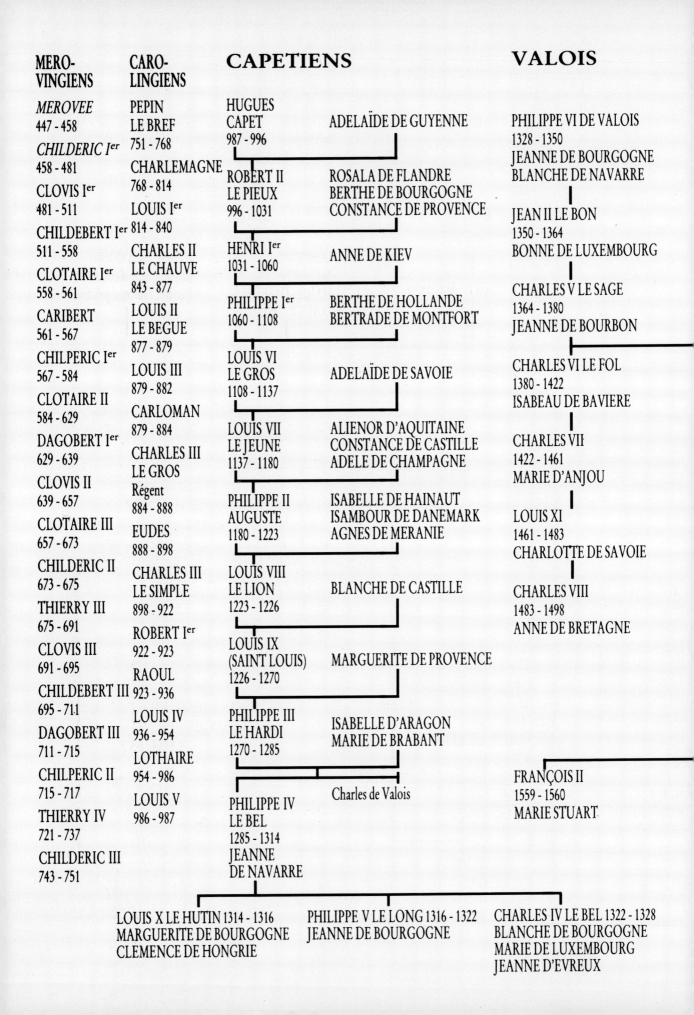

MERO-VINGIENS	CARO-LINGIENS	CAPETIENS		VALOIS

MERO-VINGIENS

MEROVEE
447 - 458

CHILDERIC Ier
458 - 481

CLOVIS Ier
481 - 511

CHILDEBERT Ier
511 - 558

CLOTAIRE Ier
558 - 561

CARIBERT
561 - 567

CHILPERIC Ier
567 - 584

CLOTAIRE II
584 - 629

DAGOBERT Ier
629 - 639

CLOVIS II
639 - 657

CLOTAIRE III
657 - 673

CHILDERIC II
673 - 675

THIERRY III
675 - 691

CLOVIS III
691 - 695

CHILDEBERT III
695 - 711

DAGOBERT III
711 - 715

CHILPERIC II
715 - 717

THIERRY IV
721 - 737

CHILDERIC III
743 - 751

CARO-LINGIENS

PEPIN
LE BREF
751 - 768

CHARLEMAGNE
768 - 814

LOUIS Ier
814 - 840

CHARLES II
LE CHAUVE
843 - 877

LOUIS II
LE BEGUE
877 - 879

LOUIS III
879 - 882

CARLOMAN
879 - 884

CHARLES III
LE GROS
Régent
884 - 888

EUDES
888 - 898

CHARLES III
LE SIMPLE
898 - 922

ROBERT Ier
922 - 923

RAOUL
923 - 936

LOUIS IV
936 - 954

LOTHAIRE
954 - 986

LOUIS V
986 - 987

CAPETIENS

HUGUES
CAPET
987 - 996 — ADELAÏDE DE GUYENNE

ROBERT II
LE PIEUX
996 - 1031 — ROSALA DE FLANDRE
BERTHE DE BOURGOGNE
CONSTANCE DE PROVENCE

HENRI Ier
1031 - 1060 — ANNE DE KIEV

PHILIPPE Ier
1060 - 1108 — BERTHE DE HOLLANDE
BERTRADE DE MONTFORT

LOUIS VI
LE GROS
1108 - 1137 — ADELAÏDE DE SAVOIE

LOUIS VII
LE JEUNE
1137 - 1180 — ALIENOR D'AQUITAINE
CONSTANCE DE CASTILLE
ADELE DE CHAMPAGNE

PHILIPPE II
AUGUSTE
1180 - 1223 — ISABELLE DE HAINAUT
ISAMBOUR DE DANEMARK
AGNES DE MERANIE

LOUIS VIII
LE LION
1223 - 1226 — BLANCHE DE CASTILLE

LOUIS IX
(SAINT LOUIS)
1226 - 1270 — MARGUERITE DE PROVENCE

PHILIPPE III
LE HARDI
1270 - 1285 — ISABELLE D'ARAGON
MARIE DE BRABANT

Charles de Valois

PHILIPPE IV
LE BEL
1285 - 1314
JEANNE
DE NAVARRE

VALOIS

PHILIPPE VI DE VALOIS
1328 - 1350
JEANNE DE BOURGOGNE
BLANCHE DE NAVARRE

JEAN II LE BON
1350 - 1364
BONNE DE LUXEMBOURG

CHARLES V LE SAGE
1364 - 1380
JEANNE DE BOURBON

CHARLES VI LE FOL
1380 - 1422
ISABEAU DE BAVIERE

CHARLES VII
1422 - 1461
MARIE D'ANJOU

LOUIS XI
1461 - 1483
CHARLOTTE DE SAVOIE

CHARLES VIII
1483 - 1498
ANNE DE BRETAGNE

FRANÇOIS II
1559 - 1560
MARIE STUART

LOUIS X LE HUTIN 1314 - 1316
MARGUERITE DE BOURGOGNE
CLEMENCE DE HONGRIE

PHILIPPE V LE LONG 1316 - 1322
JEANNE DE BOURGOGNE

CHARLES IV LE BEL 1322 - 1328
BLANCHE DE BOURGOGNE
MARIE DE LUXEMBOURG
JEANNE D'EVREUX

BOURBONS

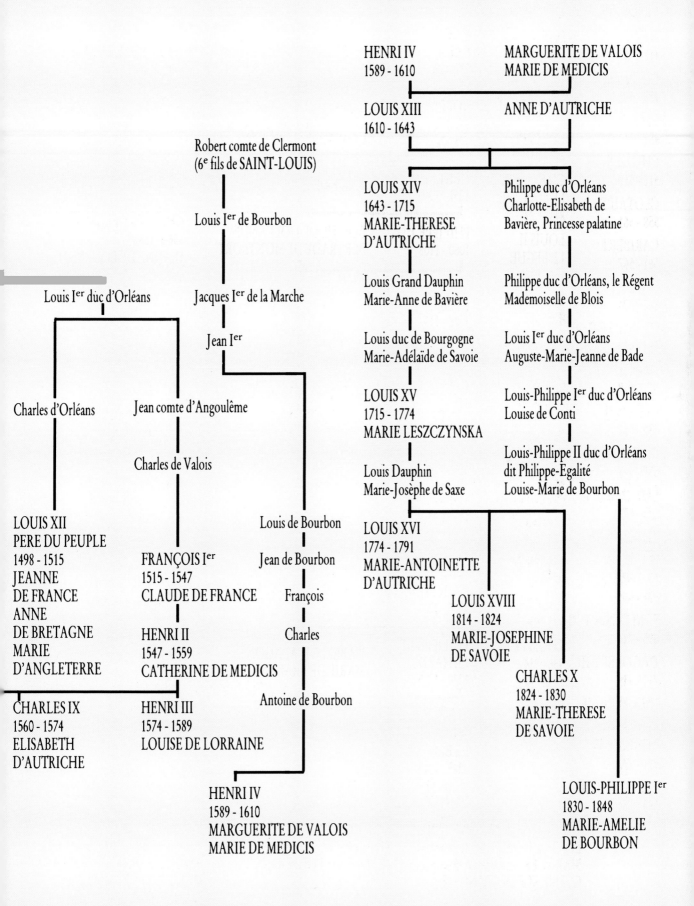

HENRI IV
1589 - 1610 — MARGUERITE DE VALOIS / MARIE DE MEDICIS

LOUIS XIII
1610 - 1643 — ANNE D'AUTRICHE

LOUIS XIV
1643 - 1715
MARIE-THERESE
D'AUTRICHE

Philippe duc d'Orléans
Charlotte-Elisabeth de
Bavière, Princesse palatine

Louis Grand Dauphin
Marie-Anne de Bavière

Philippe duc d'Orléans, le Régent
Mademoiselle de Blois

Louis duc de Bourgogne
Marie-Adélaïde de Savoie

Louis Ier duc d'Orléans
Auguste-Marie-Jeanne de Bade

LOUIS XV
1715 - 1774
MARIE LESZCZYNSKA

Louis-Philippe Ier duc d'Orléans
Louise de Conti

Louis Dauphin
Marie-Josèphe de Saxe

Louis-Philippe II duc d'Orléans
dit Philippe-Egalité
Louise-Marie de Bourbon

LOUIS XVI
1774 - 1791
MARIE-ANTOINETTE
D'AUTRICHE

LOUIS XVIII
1814 - 1824
MARIE-JOSEPHINE
DE SAVOIE

CHARLES X
1824 - 1830
MARIE-THERESE
DE SAVOIE

LOUIS-PHILIPPE Ier
1830 - 1848
MARIE-AMELIE
DE BOURBON

Robert comte de Clermont
(6e fils de SAINT-LOUIS)

Louis Ier de Bourbon

Jacques Ier de la Marche

Jean Ier

Jean comte d'Angoulême

Charles de Valois

Louis de Bourbon

Jean de Bourbon

François

Charles

Antoine de Bourbon

HENRI IV
1589 - 1610
MARGUERITE DE VALOIS
MARIE DE MEDICIS

Louis Ier duc d'Orléans

Charles d'Orléans

LOUIS XII
PERE DU PEUPLE
1498 - 1515
JEANNE
DE FRANCE
ANNE
DE BRETAGNE
MARIE
D'ANGLETERRE

FRANÇOIS Ier
1515 - 1547
CLAUDE DE FRANCE

HENRI II
1547 - 1559
CATHERINE DE MEDICIS

CHARLES IX
1560 - 1574
ELISABETH
D'AUTRICHE

HENRI III
1574 - 1589
LOUISE DE LORRAINE

Les Mérovingiens

481-751

Le légendaire Mérovée, qui participa à la victoire des champs Catalauniques sur les Huns en 451, devait laisser son nom à une dynastie qui ne commença, en fait, qu'avec son petit-fils Clovis.

Lors de son intronisation, Clovis fut sacré roi des Francs mais son royaume, s'il n'est plus la Gaule, est loin d'être la France que nous connaissons aujourd'hui.

L'Armorique est désormais bretonne. Les Wisigoths et les Burgondes se partagent le sud. Ils occupent une région qui, économiquement, n'a pas trop souffert des invasions barbares et ils entendent poursuivre la politique de colonisation des Romains. Ils se présentent comme chrétiens (ils sont arianistes), mais ils ne sont pas reconnus comme tels ni par l'Eglise, ni par l'aristocratie gallo-romaine adepte du christianisme.

Dans le nord de la Gaule se maintiennent encore quelques généraux romains. Le dernier d'entre eux, Syagrius, s'établit à Soissons. Le nord est dominé par les Francs Saliens et les Alamans qui, pour leur part, restent indifférents à l'héritage romain. Ils sont païens. Rapidement, les Francs Saliens prennent un net avantage sur les autres peuples et déplacent les centres du pouvoir du sud vers le nord. Leur chef s'appelle Clovis.

Dans un premier temps, Clovis se rend maître du Soissonnais et défait Syagrius; il exige que lui soit livré son plus beau vase. Puis le petit roi franc, par les victoires de Tolbiac sur les Alamans et de Vouillé sur les Wisigoths étend son domaine à ce qui va devenir la France. Cependant, ces succès n'auraient pas été déterminants sans un événement capital : la conversion de Clovis au christianisme. On situe, sans aucune précision, le baptême de Clovis à Reims dans les années 496, et l'on attribue cet événement à l'influence de la reine Clotilde et de l'évêque de Reims, saint Rémi. Clovis devint ainsi l'allié de l'aristocratie gallo-romaine, ce qui lui permit de maintenir son pouvoir durablement. Clovis meurt en 511 à Paris où il est enterré et où il avait situé le siège de son gouvernement.

Pour établir une dynastie, les rois francs saliens se dotent d'une loi qui stipule que le royaume, à la mort du roi, doit être partagé entre tous ses fils. Paradoxalement, cette règle, qui fait pourtant de la famille de Clovis une dynastie, va entraîner la ruine des Mérovingiens. Car l'histoire des Mérovingiens apparaît alors comme une longue suite de luttes fratricides rythmées par des assassinats. Ces rivalités qui opposaient entre eux les rois n'épargnaient pas les reines et la lutte de Frédégonde contre Brunehaut est restée célèbre.

Les règnes se succèdent dans la plus grande anarchie. L'un marquera une sorte d'apogée dans la force du pouvoir mérovingien : celui de Dagobert . Ce roi réussit à se maintenir seul sur son trône et à rétablir un pouvoir centralisateur digne de celui mis en place par son ancêtre Clovis. Ce pouvoir était réel car il s'étendait aussi bien sur les seigneurs que sur les abbayes et les évêchés. Les confiscations de biens permettent à la cour de vivre dans un luxe relatif. Le roi est aidé par un passionné d'orfèvrerie, Eloi, qui lui restera fidèle tout au long du règne.

Pourtant cette France naissante n'est pas habituée à un roi puissant et les disparités régionales sont un trait essentiel pour la compréhension de la société de cette époque. Elles entraînent l'inévitable montée des pouvoirs locaux et de ceux que l'on appelait les « Maires du palais », sortes d'intendants au pouvoir de plus en plus considérable.

Après Dagobert, la dynastie mérovingienne n'aura plus d'existence réelle.

Cette période est appelée celle des « rois fainéants ». Ce n'est pas par "fainéantise" que les rois ne règnent pas, mais parce qu'ils sont dans l'impossibilité de régner. Ils n'ont de roi que le titre car le pouvoir se trouve bel et bien entre les mains des Maires du palais.

Cette période floue est marquée par la victoire de Pépin de Herstal (Maire du palais), victoire qui donne définitivement plus d'importance à l'Austrasie qu'à la Neustrie et sacre en quelque sorte l'aristocratie d'Austrasie aux dépens de la dynastie mérovingienne. La victoire de Charles Martel, fils de Pépin de Herstal, sur les Arabes à Poitiers sonne le glas de la dynastie mérovingienne.

Ci-dessous :
La bataille de Poitiers
STEUBEN (1788-1856)
Salon de 1838

Charles Martel, fils de Pépin de Herstal prit le titre de Maire du palais à un moment où le pouvoir royal devenait de plus en plus discuté. Après avoir unifié les différentes régions de l'Etat mérovingien en s'attachant l'Aquitaine et la Provence, il repoussa à tout jamais les musulmans en 732, au cours de la bataille de Poitiers.

Ci-contre:
Le baptême de Clovis

Après avoir considérablement agrandi le petit royaume hérité de son père, Childéric Ier, Clovis eut beaucoup de mal à se débarrasser des Alamans fermement décidés à s'installer en Gaule. Il promit alors à sa femme, Clotilde, qu'en cas de victoire, il se convertirait au catholicisme. Chose dite, chose faite. Et en décembre 496, Clovis reçut le baptême des mains de saint Rémi dans la cathédrale de Reims. Devenu premier roi barbare catholique et protecteur des chrétiens, Clovis bénéficia ainsi de l'amitié de la société gallo-romaine. Il fut également le premier roi à avoir régné sur l'ensemble de la Gaule, instaurant au cours de son règne la monarchie franque d'essence catholique.

Les Carolingiens

751-987

Widukind s'incline devant Charlemagne
Ary SCHEFFER (1795-1858)

Trente longues années durant, le roi des Saxons, Widukind, troubla la quiétude de Charlemagne, mais en 785, ce dernier remporta sur lui une victoire définitive. L'autorité et l'organisation avec lesquelles il mena ses guerres de conquête, le conduisirent à constituer un des plus grands empires que la France ait jamais connus. Cependant, si les Saxons au nord et les Lombards à l'est furent assez vite repoussés, Charlemagne dut renoncer à l'Espagne après une embuscade tendue par les Basques à Roncevaux au cours de laquelle son neveu Roland périt. Outre ses qualités guerrières, Charlemagne était un homme très pieux qui savait privilégier les relations humaines et qui lutta toute sa vie pour rendre l'enseignement accessible à tous en créant des écoles ouvertes à toute la hiérarchie sociale.

Au début du VIIIe siècle, la région la plus dynamique du royaume franc est l'Austrasie. Ce dynamisme a permis le développement d'activités économiques importantes. C'est d'Austrasie qu'est issue la famille de Pépin de Herstal, les Pippinides. Pépin meurt en 714. Il laisse l'Austrasie à son fils Charles Martel, l'heureux vainqueur de Poitiers. Par ce succès, Charles apparaît comme le sauveur de la chrétienté. Son fils, Pépin le Bref, lui succède et réussit à faire abdiquer en sa faveur le dernier Mérovingien, Chilpéric III, en 751. Il fonde ainsi la dynastie carolingienne.

Avec Pépin le Bref, un véritable pouvoir royal centralisé se met en place. Mais, à la différence des rois dits fainéants, Pépin se donne les moyens de conserver réellement ce pouvoir en étendant les relations vassaliques, ce qui lui assure la fidélité des grands. Ainsi l'ensemble de la Gaule, la Provence, l'Aquitaine et une partie de la Germanie basculent dans le Moyen Age. La Gaule est désormais placée sous la domination de Rome par la relation privilégiée qui s'établit entre le souverain et le pape. La France est alors la première puissance chrétienne.

Charlemagne, le fils de Pépin, lui succède en 768. Il a déjà été sacré à Reims du vivant de son père. Avec ce nouveau souverain les conquêtes se succèdent. Elles s'étendent dans toutes les directions. Charlemagne se rend vainqueur de la Lombardie. En Espagne, si Roland est défait par les Basques à Roncevaux, Charlemagne, en revanche, réussit à gagner la Catalogne sur les musulmans. En Germanie, Charlemagne réussit à atteindre les rives de l'Elbe. Le Carolingien règne sur un territoire de plus d'un million de kilomètres carrés !

Plus qu'un royaume, c'est bien d'un empire qu'il s'agit et Charlemagne, à la célèbre barbe fleurie, se fait effectivement sacrer empereur à Rome dans la nuit de Noël de l'an 800. Cet empire est avant tout chrétien. Après le sacre, Charlemagne se retire dans sa capitale d'Aix-la-Chapelle et laisse les rênes de son immense pouvoir à son fils Louis le Pieux qui règnera de 814 à 840.

Mais l'Empire était grand. Trop grand peut-être. Les régions qu'il englobait étaient très disparates et les facteurs de division ne manquaient pas. Le pouvoir impérial lui-même n'était pas assuré de manière héréditaire car les souverains eurent tous de nombreux fils. Louis le Pieux en eut trois qui s'opposèrent du vivant de leur père. Lothaire, l'aîné, avait le titre impérial, Charles, dit le Chauve, la Neustrie et l'Aquitaine, Louis, la Germanie.

Alliés contre Lothaire, Louis et Charles réussirent à s'emparer d'Aix-la-Chapelle et à imposer à leur frère le traité de Verdun en 843. Ce traité est l'acte de naissance de la France. La Francie occidentale, délimitée par les quatre fleuves l'Escaut, la Meuse, la Saône et le Rhône revient à Charles le

Chauve. Les deux autres frères se partagent le reste de l'Empire. Désormais, la France a sa propre histoire.

Charles le Chauve réussit à garder son royaume relativement unifié et put ainsi résister aux invasions des Vikings. Son fils Louis II le Bègue ne régna que deux ans.

Puis vint le double règne de ses deux fils, Carloman et Louis III, qui, chose unique dans notre histoire, réussirent à gouverner en bonne intelligence et même à repousser les attaques normandes. Louis le Bègue eut un fils posthume, Charles III le Simple. Mais il était trop jeune pour régner et le royaume fut confié à l'empereur son oncle, Charles le Gros. Paris fut alors menacé par les Normands et défendu par Eudes qui succéda à Charles le Gros, peu de temps car les Normands se faisaient insistants.

C'est Charles III le Simple qui succéda alors à Eudes. Il réussit à mettre un terme aux invasions normandes mais en leur cédant l'actuelle Normandie.

Les grands du royaume, hostiles à cette « démission », le détrônèrent au profit de Robert Ier. Celui-ci périt un an après et les grands élirent alors son gendre, Raoul de Bourgogne.

Vint ensuite le fils de Charles III le Simple, Louis IV d'Outremer. On voit dans ces successions la prépondérance des seigneurs, dont le comte de Paris, Hugues le Grand, lui-même fils du roi Robert Ier, qui fut surnommé le « faiseur de rois ».

Enfin, Lothaire, fils de Louis IV réussit à régner trente-deux ans, mais son domaine était cerné par le puissant duc de Paris, fils d'Hugues le Grand, Hugues Capet. Lorsque le fils de Lothaire, Louis V, mourut accidentellement d'une chute de cheval après une seule année de règne, la France se retrouvait sans roi. Cette chute de cheval fut aussi la chute de la dynastie carolingienne.

A la mort de Louis V, l'ensemble des seigneurs francs réunis en assemblée élirent le plus apte d'entre eux à prendre la succession. Il s'agissait de Hugues Capet, comte de Paris. Cette élection devait marquer l'avènement de la dynastie capétienne.

Pages 20/21 :
Le couronnement de Louis le Pieux en présence de Charlemagne

Louis le Pieux, seul fils de Charlemagne ayant survécu, se fit couronner roi d'Aquitaine par le pape Léon III mais il ne prit les rênes du pouvoir qu'à la mort de son père en 814. Son surnom provient de sa grande dévotion et de son entière soumission au clergé soucieux de rétablir une unité religieuse dans un empire constamment en lutte contre les invasions normandes de plus en plus nombreuses.

Page 22 :
Manuscrit de Charles le Chauve Ecole Française, XVe siècle

A sa mort, Louis le Pieux laissa son royaume à ses trois fils. Charles et Louis s'allièrent contre leur frère aîné Lothaire, le battirent en 841, et l'obligèrent à signer en 843 le traité de Verdun, sorte d'acte de naissance de la France scindant en trois l'empire de Charlemagne. Charles le Chauve reçut la Francie regroupant la Meuse, la Saône et le Rhône, c'est-à-dire la partie occidentale de l'empire. Charles le Chauve, dont le règne fut mené avec intelligence, est de ce fait considéré comme le premier roi de France.

Page 23 :
Louis V « le Fainéant » Louis-Félix AMIEL (1802-1864)

Louis V fut le dernier roi de la dynastie carolingienne. Surnommé « le Fainéant » à cause de son incapacité totale à gouverner la France, il mourut en 987 d'une mauvaise chute de cheval, ne laissant aucun héritier pour lui succéder en dehors de son oncle, Charles de Lorraine. Cependant, l'assemblée des Grands préféra proclamer l'avènement du comte de Paris, Hugues Capet, fondateur de la dynastie capétienne.

I cōmence la vie ⁊ les fait du
detōmair loys fitz charlū le
grant qui fu roy et empere nor
pour ce quil porta coronne ⁊ fist
auans grans fait en vinant de lō pie nō

ge bulle· Entholousam corsone· En tor
delois seguun· En albigois banno· En hmo
zin rglet· Quant lempere ot amsi ordenne
du royanme dagintame il treskassa le sen
ne de louer et reugnia a paris· poir tes

Comment la guerre encommenca dentre le roy c
le chaulf. Et monseigneur Gerard de konssillon c
de la conte de sene. Et des paroles Iniurieuses q
Jour les deux princes durent lun a
A paix faitte dentre les trois freres
maniere que dit est. le roy charles
conferme en son roiaulme de fran

Hugues Capet

≃ 941-987-996

Au Xe siècle, qu'est-ce que le roi de France ? Quel est son domaine, quel est son pouvoir ? L'homme qui fonde la nouvelle dynastie appelée à se maintenir plus de huit siècles s'appelle Hugues Capet. On le nomme ainsi car il aime se vêtir d'une courte cape. C'est le fils de Hugues le Grand, comte de Paris, duc des Francs.

En 956, à la suite de son père, ce jeune prince dont on ignore beaucoup de traits hérite des comtés de Paris, de Senlis, d'Orléans et de Dreux, toutes ces régions qui bientôt formeront l'Ile-de-France. Hugues Capet est également abbé laïc de Saint-Martin-de-Tours et de Saint-Germain-des-Prés. Tels sont ses titres, mais quel rôle joue-t-il ?

En fait, Hugues est surtout à la tête de l'aristocratie du royaume occidental. Dans un premier temps, il ne fait rien pour entraver le couronnement du dernier Carolingien, au contraire, et lorsque Louis V se rend à Reims, il est derrière lui comme n'importe lequel des grands feudataires du royaume ; il soutient même le roi dans sa lutte contre l'archevêque de Reims, Adalbéron. Mais parallèlement, il était très lié au secrétaire de ce dernier : Gerbert.

Peut-être s'imaginait-il déjà comme un futur candidat à la Couronne et toutes ses alliances n'avaient-elles pour but que de servir ses ambitions. Il sut au mieux profiter de ses amitiés différentes, et parfois contradictoires, pour arriver sur le trône. Il était, il faut bien le dire, plus populaire que les Carolingiens. Il n'eut pas peur de faire des promesses que l'on qualifierait aujourd'hui de démagogiques. Ainsi promit-il de dédommager tous les ecclésiastiques qui lui assureraient leur soutien. Il fallait, et Hugues l'avait bien compris, avoir plus d'alliés dans l'assemblée élective que les autres candidats.

C'est bien là ce qui intrigue encore les historiens. Le personnage est mystérieux, et l'on n'en finit pas de chercher à cerner son caractère. Etait-il résolument ambitieux ou fut-il plus simplement servi par une situation ? On a parlé de génie politique. Ce qui est certain, c'est qu'il a su attendre le moment opportun pour accéder à la Couronne. Le pouvoir carolingien était prêt à tomber. Pourquoi ne pas accélérer les choses par une action de force ? Louis V ne se serait pas retrouvé vainqueur face à un prince aussi populaire. Il était en guerre avec Adalbéron. Scrupules ou calculs (l'histoire ne le dit pas) dissuadèrent Hugues Capet de ce qui aurait pu être un coup d'Etat si l'Etat avait existé. Il sut sagement attendre qu'une élection se présente. On pense que son tempérament ne l'eût pas poussé à une action de force.

Mais le problème se posa différemment lorsque le Carolingien Louis V mourut subitement. Le roi n'avait pas d'héritier. La monarchie eût pu disparaître, victime de ce contretemps, tant la puissance des vassaux était réelle par rapport à celle du roi. Mais, curieusement, cette soudaine vacance donna comme un coup de fouet à la royauté, et c'est cet élan qui en fit une

monarchie héréditaire qui devait se maintenir jusqu'en 1789. Car la souveraineté, en 987, paraissait déjà inévitable, tant politiquement que dans l'organisation sociale. Le principe en était définitivement admis, ce qui ne voulait pas dire que le roi aurait plus de terres que ses vassaux.

Tous les grands s'entendirent donc pour élire Hugues duc de Paris. Il y avait plusieurs candidats à ce trône. Mais ce qui, *a posteriori*, fut considéré comme le génie politique du Capétien devait lui assurer la victoire. Le réseau d'alliances (dont celle déterminante de l'archevêque de Reims), qu'il avait soigneusement tissé, en fit le candidat le mieux assuré. L'adversaire de Hugues était l'oncle de Charles V, Charles, duc de Basse-Lorraine, frère du roi défunt Lothaire.

Adalbéron prit la sage précaution de réunir à Senlis les personnages les plus importants, c'est-à-dire ceux qui devaient élire le roi. Il n'eut aucun mal à les convaincre de porter leur choix sur le Capétien plutôt que sur le Carolingien.

On a conservé le discours de Richer. Son argumentation est intéressante car il privilégie la valeur par rapport à l'hérédité, alors que le respect de l'hérédité sera justement par la suite le garant de la continuité capétienne. Car sur quel droit se base Adalbéron ? Un certain flou règne à ce sujet. Les partisans de Charles prétendent que le trône lui revient par son droit de naissance.

Le 1er juin de l'an 987, Hugues Capet fut solennellement proclamé roi des Francs dans la cathédrale de Noyon. Il avait évincé Charles de Lorraine ; la dynastie capétienne, la colonne vertébrale de la monarchie française, était née. Tel fut le discours de Hugues, son serment devant ses électeurs. "Moi, Hugues, qui dans un instant vais devenir roi des Francs par la faveur divine, au jour de mon sacre, en la présence de Dieu et de ses saints, je promets à chacun de vous de lui conserver le privilège canonique, la loi, la justice qui lui sont dus et de vous défendre autant que je le pourrai, avec l'aide du Seigneur, comme il est juste qu'un roi agisse, en son royaume, envers chaque évêque et l'église qui lui est commise. Je promets aussi de faire justice, selon ses droits, au peuple qui nous est confié." Il ne savait pas que tous ses successeurs, par la suite, prononceraient exactement les mêmes paroles le jour de leur sacre. Lorsqu'ils condamnèrent Louis XVI, les révolutionnaires appelèrent le roi par son nom : Louis Capet.

La royauté était donc élective, elle allait devenir héréditaire. L'élection est le point fort du règne du premier Capétien, règne que l'on connaît peu. On sait que le premier roi de cette longue dynastie eut à se défendre des ambitions de certains de ses vassaux. Parmi eux, Eudes Ier, comte de Blois, fut le plus virulent. L'autre grande initiative de Hugues fut d'associer son fils au trône de son vivant et de faire ainsi de l'hérédité un usage qui allait devenir sacré.

De la vie privée, du caractère ou même du physique du roi, nous ne connaissons que fort peu de choses. L'histoire a surtout retenu son élection en raison de son symbolisme. On peut dire que Hugues Capet a eu la sagesse d'attendre que la Couronne lui soit offerte et qu'en assurant la continuité dynastique, il fit basculer la partie occidentale de l'empire carolingien en royaume de France.

Page en regard :
La remise des clés

Après s'être fait sacrer roi de France à Noyon, Hugues Capet décida de s'opposer à Charles de Lorraine, héritier légitime de la Couronne à la mort de son neveu Louis V. Ce dernier, proclamé roi par ses sujets à Laon, fut vaincu en partie à cause de la trahison de l'archevêque de Reims, Adalbéron, et finit ses jours enfermé à Orléans. C'est l'évêque Asselin qui remit en grande cérémonie les clés de la ville de Laon à Hugues Capet, symbolisant par cet acte la fin définitive de la dynastie carolingienne.

Cy commencent les fais du roy hue capet.

y fault la generacion du grant
roy charlemaine & descent
le lignaige aux hoirs de
hue le grant que on nommoit
capet qui estoit duc de fri
ce au temps de lors mais de puis fu elle
retourne au temps du bon roy phelipe dieu

Robert II le Pieux

$\simeq$ 971-996-1031

Robert II, surnommé le Pieux, est né à Orléans vers 971 et mort à Melun en 1031. Il commença à régner en 996, à la mort de son père Hugues Capet qui avait eu la sage précaution de l'associer au trône de son vivant.

Le jeune Robert, (qui était sans doute moins pieux qu'il ne le sera par la suite) eut comme instructeur l'ami de son père, le fameux Gerbert, secrétaire de l'archevêque de Reims. Cela explique son instruction. Par rapport à son père, d'éducation et d'instruction moins soignées, Robert était un "intellectuel"; on peut même dire que pour un laïc, il était assez lettré. A cette époque, en effet, les seigneurs étaient plutôt frustes et le clergé, seul, avait une sorte de monopole sur le savoir. Pour cette raison, on a prétendu que le roi avait écrit certains textes et chants d'église. Information certes difficile à vérifier, mais pour le moins révélatrice.

D'après le moine de Fleuri, Helgaud, Robert présentait de nombreuses qualités : générosité, charité chrétienne, ainsi qu'une fervente piété. Ce n'est pas un hasard s'il fut surnommé le Pieux. Il faut ajouter à cela de solides qualités militaires, bien qu'il fût d'une nature plutôt pacifique.

Il se maria du vivant de son père, qui quitta ce monde alors que Robert était âgé de vingt-six ans. Son épouse, Rosala de Flandre, était de très loin son aînée. Pour cette raison, peut-être, l'union ne dura qu'un an. Il renvoya Rosala dans sa Flandre natale, mais garda son douaire : Montreuil-sur-Mer. Cette acquisition représentait le seul accès à la Manche du domaine royal. Elle valait bien un mariage.

C'est peu après que commença la difficile idylle entre le pieux Robert et la ravissante Berthe, la jeune veuve d'Eudes, comte de Blois. Mais les deux amants étaient cousins au quatrième degré ce qui, aux yeux de Rome, rendait le mariage impossible. Les choses s'arrangèrent lorsque Robert devint roi. La papauté fut alors moins sévère, et Grégoire V finit par accepter cette union. Mais il avait fallu faire quelques concessions : Arnoul, l'ancien archevêque de Reims qui avait été mis en prison par Hugues Capet, fut libéré pour satisfaire le pape. Il retrouva son évêché. Ainsi, ce fut indirectement l'amour qui fit libérer Arnoul.

C'est alors que le pape Grégoire V se montra peu reconnaissant puisque, malgré la libération d'Arnoul, il n'accepta pas pour autant le mariage. Et le pieux roi fut excommunié. La position de la papauté est aisée à comprendre; l'Eglise avait bien du mal à empêcher la polygamie et, cette fois, l'exemple venait de haut. Robert n'avait plus le soutien du fidèle Gerbert, qui, destitué, avait trouvé refuge auprès d'Otton III.

Au total, la condamnation papale dura sept ans. Au bout de cinq ans Robert, que l'excommunication blessait profondément, se résolut à la répudiation. L'union avait été stérile. Il épousa alors (en troisièmes noces) Constance de Provence. Cette dernière, à la forte personnalité, vint à la cour avec bon nombre de Méridionaux qui se mélangèrent mal aux Francs de l'entourage du roi. Et c'est ainsi qu'au sein même de la cour naquit le parti de Constance. Toute sa vie durant, la reine n'aura de cesse d'intriguer contre Robert.

Le parti de Constance eut à s'opposer aux partisans de Berthe qui n'avaient pas déserté la cour après la répudiation. Il faut dire qu'en cela ils agissaient davantage pour les intérêts de la maison de Blois que pour les beaux yeux de Berthe. A la cour, les intrigues allaient bon train. C'est dans cette ambiance que fut assassiné le favori du roi, Hugues de Beauvais. Le roi soupçonna la reine d'avoir fomenté ce complot. Cette fois, c'est le roi qui demanda à Rome de lui accorder le divorce.

La démarche n'aboutit pas et les deux époux se réconcilièrent. Il naquit de cette nouvelle entente trois héritiers. Tout alla pour le mieux tant que les fils furent en bas âge. Mais les intrigues reprirent par la suite. Robert associa de son vivant son fils Henri aux affaires du royaume, mais Constance avait une préférence pour le plus jeune, Robert. Les deux fils s'allièrent contre leur père pour devancer l'héritage. Ils enlevèrent quelques villes royales et le roi fut obligé de se réfugier à Beaugency. Le conflit allait surtout s'intensifier à la mort du roi.

Robert II le Pieux s'efforça de faire correctement son métier de roi et il lutta contre ses vassaux trop ambitieux. Il sut agrandir le domaine royal du duché de Bourgogne, ainsi que des comtés de Dreux et de Melun. Tout au long de son règne, le conflit avec l'Empire resta latent malgré une entrevue en 1023 à Ivois avec l'empereur germanique Henri II.

Robert II le Pieux s'éteignit le 20 juillet 1031. Il était en fort mauvais termes avec ses deux fils, ce qui ne laissait rien présager de bon.

Ci-dessous :

L'excommunication de Robert le Pieux
Jean-Paul LAURENS (1838-1921)

L'histoire de Robert II a quelque chose d'étonnant. Surnommé le Pieux à cause de sa piété et de son intérêt illimité pour la théologie, il fut excommunié en 998 par le pape pour avoir répudié sa femme Rosala, fille du roi d'Italie, de façon à pouvoir épouser sa cousine, Berthe de Bourgogne, dont il était réellement amoureux. Cependant, mécontent d'être en désaccord avec la chrétienté, il finit par répudier Berthe pour épouser Constance de Provence.

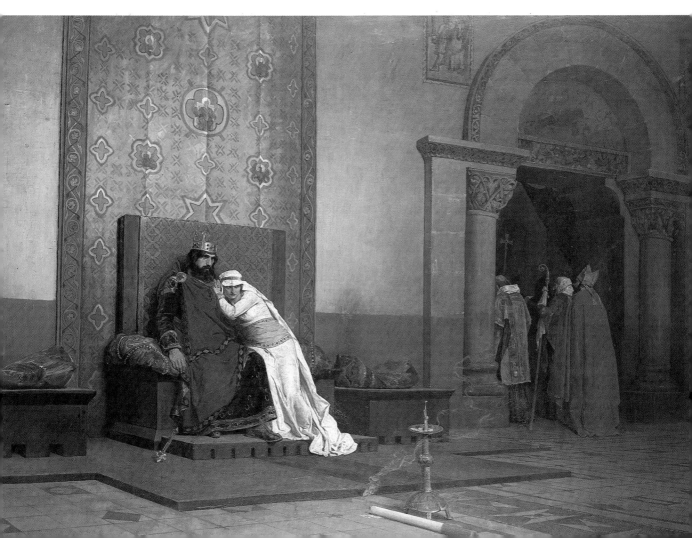

Henri Ier

≃ 1008-*1031*-1060

Avant que ne meure Robert II le Pieux, ses deux fils Henri et Robert s'étaient entendus pour lutter contre leur père et devancer l'héritage. Mais cette amitié "parricide" se mua tout naturellement en lutte fratricide à la mort du roi. Henri était le roi légitime puisqu'il avait été sacré du vivant de son père. La reine avait bien tenté d'imposer son préféré, Robert, à son époux, mais sans succès. Par la volonté de son père, Henri était donc roi.

Qu'allait-il en être dans la réalité ? Les débuts du règne furent difficiles. Le jeune roi avait à lutter au sein de sa propre famille contre son frère et sa mère. La succession héréditaire par les aînés qui allait devenir une loi sacrosainte du royaume n'était pas encore définitivement entrée dans les esprits. Une véritable guerre civile éclata. Beaucoup se réjouissaient de ce conflit. Tous les grands seigneurs, qui avaient été par l'usage dépossédés du droit d'élection qu'ils exerçaient sous les Carolingiens, tentèrent de regagner quelque pouvoir. Ils profitèrent de la mésentente de la famille royale et des prétentions respectives, mais identiques, des deux frères.

Ainsi on trouvait aux côtés de Robert la puissante maison de Blois et bien d'autres encore, mais aussi le parti de la reine Constance qui n'avait pas déserté la cour à la mort du roi. La Normandie, la Flandre avaient préféré Henri. Quelques victoires donnèrent tout d'abord l'avantage à Robert, mais le soudain décès de la reine Constance mit fin aux hostilités. Henri en sortit à moitié vainqueur puisqu'il concéda la Bourgogne à son frère. La mesure était préventive, elle devait définitivement éloigner Robert du trône. Mais cette générosité coûtera fort cher à la Couronne dont les rapports avec la Bourgogne seront conflictuels pendant plus de trois cents ans.

La paix fut conclue avec Robert, mais d'autres soulèvements éclatèrent et le règne ne fut qu'une suite de guerres. Ainsi, le roi, comme feu son père, eut beaucoup de difficultés à maintenir la paix avec le redoutable Eudes de Blois. Ses fils connaîtront d'ailleurs la même opposition. Mais Henri réussit néanmoins à conquérir l'Anjou qui jadis avait soutenu son frère.

Un autre point douloureux concerne les rapports que le roi entretint avec le puissant duché de Normandie. Les Normands étaient depuis plusieurs générations déjà les alliés de la maison de France. Ils avaient aidé Robert II le Pieux et avaient soutenu Henri contre Robert. Mais le Normand Robert le Diable (un surnom parfaitement mérité) partit pour la croisade et abandonna la Normandie à son fils illégitime, Guillaume le Bâtard. Le jeune prince reçut l'appui du roi de France. Il avait à se défendre contre ses barons qui comptaient sur le départ du père pour s'émanciper. Grâce au soutien du roi, leur soulèvement n'aboutit pas. Mais une fois vainqueur, Guillaume se retourna contre le roi qui l'avait aidé. La reconnaissance n'était pas la principale qualité de cet ambitieux Normand qui, il est vrai, plus connu sous le nom de Guillaume le Conquérant, termina sa vie sur le trône d'Angleterre !

Le roi de France s'était montré dans l'incapacité totale de maîtriser son puissant vassal. La Normandie était alors territorialement aussi grande que le royaume de France.

Henri épousa Anne de Kiev. Il s'agissait là du premier accord "franco-russe". Un fils, Philippe, naquit de cette union. Il fut très rapidement associé au trône. Henri, fort de son expérience, connaissait la nécessité d'une telle mesure. Il fut d'ailleurs en cela bien inspiré, puisqu'il décéda quelque temps plus tard. Le nouveau roi, âgé de sept ans, était dans l'impossibilité de régner. A peine née, la dynastie capétienne se trouvait confrontée à un problème de régence. Certains n'allaient-ils pas profiter de cette situation ? Dans l'entourage du jeune roi, il y avait sa mère Anne et son oncle Baudouin V, comte de Flandre.

Que retenir des vingt-neuf ans de règne d'Henri ? Ce fut une succession de guerres contre les seigneurs de "Francie". A peine née, la monarchie capétienne se montrait déjà très affaiblie. Même si le principe monarchique était globalement admis, les grandes maisons n'en avaient pas moins de solides appétits territoriaux.

Philippe Ier

1052-*1060*-1108

Lorsque s'éteint Henri Ier, le nouveau roi n'est qu'un petit garçon de sept ans. Mais lorsque l'on regarde l'ensemble du règne, on se trouve alors en face d'un gros homme sensuel et cupide. Philippe a régné quarante-huit ans, de 1060 à 1108. Il faut avouer que la longueur n'a ici pas grand-chose à voir avec la gloire, mais encore faut-il faire une remarque préalable. Ce roi fut très impopulaire aux yeux de l'Eglise, qui lui a reproché d'avoir cédé des archevêchés par amour de l'argent. Or, l'essentiel des informations que nous possédons sont des chroniques d'ecclésiastiques.

On a dit que Philippe était un gros homme sensuel, qu'il était d'une cupidité sans limite et qu'il pensait davantage à ses plaisirs qu'au bien du royaume. Ce jugement est à réviser. Certes, la fin du règne ressemble à une déchéance. Certes, Philippe aima l'argent. Mais on ne peut pas dire que la monarchie en souffrit. Elle était déjà très affaiblie lorsque le jeune roi arriva sur le trône.

Sa cupidité lui fit céder des évêchés et louer ses services militaires. Il agit parfois tel un mercenaire, donnant son soutien au plus offrant. Il épousa Berthe de Hollande, une pupille du comte de Flandre. Cette alliance devait pouvoir l'aider à lutter contre les Anglo-Normands. La lutte entre le roi de France et le vassal couronné Guillaume le Conquérant, était inévitable. Plutôt que de tenter une opposition militaire qui n'aurait certainement pas abouti en sa faveur, Philippe s'ingénia à fomenter des rébellions chez les petits seigneurs normands et à susciter des intrigues de cour.

C'est ainsi qu'il s'allia avec le fils de Guillaume, Robert, qui s'était révolté contre son père. Mais Philippe se fit payer son soutien. Une autre fois, c'est Guillaume lui-même qui le soudoya pour éviter la prise d'un château... Mais par ailleurs, Philippe introduisit un système d'annexion qui sera repris par Louis VI et Philippe Auguste. Il ne s'agit pas de grandes offensives militaires dont les rois de France n'avaient pas les moyens, mais plutôt d'intrigues. Les annexions se faisaient par calcul et sans violence.

Par cupidité peut-être, le roi chercha constamment à agrandir le domaine royal. Il savait toujours où étaient les héritages litigieux et les successions difficiles ou vacantes. C'est ainsi qu'il obtint le Vermandois qu'il confia à son frère Hugues le Grand. Ainsi naquit la dynastie capétienne du Vermandois qui sera d'un grand secours pour la monarchie, tout au long du XIIᵉ siècle. D'une manière analogue Philippe reprit le Vexin lorsque le comte se retira dans un monastère. Le Gâtinais également fut annexé. Paris se trouvait ainsi moins isolé. Enfin, Philippe, qui n'alla pas en Terre sainte, sut profiter des besoins en argent de ceux qui s'y rendaient. C'est de cette manière qu'il obtint Bourges.

Les rapports avec la papauté, nous l'avons dit, ne furent jamais bons. Philippe ne souhaitait pas se voir ôter son pouvoir de nomination des évêques. Mais la crise atteignit son paroxysme sous Urbain II. Philippe eut la mauvaise idée de tomber éperdument amoureux de Bertrade de Montfort. A vrai dire, c'est elle qui lui fit des avances dans la crainte d'être abandonnée par son époux. Et Philippe préféra Bertrade à Berthe. La reine, mère du petit Louis, fut répudiée sous prétexte de parenté. Cette répudiation valut au roi d'être excommunié par différents conciles. Mais l'amour est aveugle et les deux amants vécurent ainsi se souciant peu de la sentence papale. Bertrade devint légitimement reine. Elle fut même reconnue comme telle par son ancien époux !

Au bout de douze ans, le couple finit par accepter de sauver les apparences, sans pour autant mettre un terme à leurs relations. La fin du règne fut une véritable décadence. Philippe avait néanmoins pris la précaution d'associer au trône son fils Louis. Bertrade (qui gouvernait pour le roi) chercha à asseoir ses fils sur le trône à la place de son beau-fils qu'elle détestait cordialement. Ne reculant devant aucune solution, elle alla même jusqu'à tenter de l'empoisonner ! Si cette situation s'était encore poursuivie quelques années, Louis n'aurait jamais pu accéder au trône. Heureusement pour lui, Philippe s'éteignit le 3 août 1108.

Louis VI le Gros

≃ 1081-*1108*-1137

Avant de monter sur le trône, le jeune Louis avait déjà montré qu'il n'était pas de nature à se laisser faire. En effet il avait réussi à résister aux terribles appétits de sa belle-mère. De fait, tout au long de son règne il fera preuve d'une grande énergie que son surnom, dû à son embonpoint, ne laisse peut-être pas supposer.

Lorsque Philippe mourut, Louis avait déjà l'expérience du gouvernement du royaume duquel son père s'était détaché. En 1108, il devient officiellement roi de France. Mais il devait déjouer l'hostilité de sa belle-mère Bertrade de Montfort qui avait su constituer autour d'elle un solide réseau d'alliances au sein même de la cour. C'est pour cette raison que le jeune roi préféra se faire sacrer à Reims pour éviter tout complot.

Louis épousa une princesse qui, d'après ses contemporains, n'avait rien d'une beauté. Mais Adélaïde de Savoie se montra une épouse compréhensive et dévouée. Elle donna sept fils (mais l'un mourut en bas âge) et une fille à la Couronne. C'est la première reine qui eut un véritable rôle politique puisqu'elle avait un droit de regard sur les affaires et participait aux décisions importantes.

La situation du royaume n'était plus la même qu'aux premiers temps des Capétiens. De grandes principautés s'étaient formées, une sorte de centralisation du pouvoir s'était opérée ; on était passé d'un pouvoir de petits seigneurs à un pouvoir de princes.

Et le roi de France était l'un de ces princes. Les Anglais étaient présents en Normandie. Foulques V affirmait son pouvoir en Anjou. En Flandre le problème était complexe. Guillaume Cliton (petit-fils du Conquérant) et Thierry d'Alsace (petit-fils de Robert le Frison) étaient candidats. Le candidat du roi était Guillaume, et ce fut Thierry qui l'emporta. Mais la suzeraineté du roi de France sur la Flandre s'en trouva renforcée.

Il n'en était pas de même en Normandie. Henri Beauclerc, duc de Normandie et roi d'Angleterre voulait reprendre le Vexin. Le Capétien dut céder aux traités de Gisors et de Brémule. Louis ne réussit pas à faire prendre parti au pape contre Henri. Heureusement ce dernier mourut sans héritier. Mais avec une héritière ! Le mariage de Mathilde avec le fils de Foulques V, Geoffroy le Bel, mit un terme à la guerre entre la Couronne et la Normandie d'une manière qui ne satisfaisait pas Etienne de Blois. La situation était préoccupante pour le roi de France puisque la Normandie se retrouvait alliée à l'Anjou. Le comte d'Anjou, Geoffroy le Bel, plus connu sous le nom de Guillaume Plantagenêt, père du célèbre Henri, risquait d'être contesté en Normandie. Une guerre interne pouvait découler de cette succession difficile.

C'est effectivement ce qui se passa, pour le bien du voisin royaume de France. Cette guerre entre les maisons de Blois et d'Anjou pour la Normandie rendit service à Louis VI puis à Louis VII. Il faut également signaler à cette période le ralliement à la Couronne de Guillaume d'Aquitaine, ralliement qui sera conforté par le mariage d'Aliénor d'Aquitaine avec le futur Louis VII.

Louis VI eut un grand rôle dans la mise en place de l'administration du royaume. Il sut s'entourer de personnes compétentes telles que l'abbé de Saint-Denis, Suger. A cette période de l'histoire capétienne l'administration monarchique devient une réalité. Le domaine est mis en valeur, des privilèges sont accordés aux villes, des communes rurales sont créées. Le roi se montra également très méfiant vis-à-vis de l'hérédité des offices qui commençait à devenir de règle.

On doit également à Louis VI d'avoir apporté une relative paix en Ile-de-France. Il réussit à débarrasser le domaine royal des bandes de pillards qui savaient se rendre maîtres des châteaux féodaux. Thomas de Marle, Hugues du Puiset ou Hugues de Crécy furent vaincus par l'opiniâtreté du Capétien qui entendait bien être maître chez lui. Louis fut toujours constant dans ses efforts militaires.

Fermeté, résolution, mais aussi clairvoyance, sont sans doute les qualités majeures que l'on peut retenir de ce roi. Dans tous les domaines, il montra qu'il avait compris d'où venaient les dangers. C'est ainsi que la royauté put lentement sortir de l'obscurité dans laquelle elle s'était jusqu'alors tenue. Tel fut (paraît-il) le dernier conseil que Louis donna à son fils avant de mourir en 1137 : "Souvenez-vous, mon fils, et ayez toujours devant les yeux que l'autorité royale n'est qu'une charge publique, dont vous rendrez un compte très exact après votre mort."

Louis VII le Jeune

1120-*1137*-1180

Malgré les quarante-trois ans de son règne, Louis VII n'a pas agrandi les terres de la Couronne.

Le jeune Louis fut associé au trône dès l'âge de sept ans. Il n'avait que dix-sept ans à la mort de son père et c'est pour distinguer les deux hommes qu'on le surnomma le Jeune. Ce fut un roi très dévot, saint pour certains, mais qui ne possédait peut-être pas toutes les qualités nécessaires pour exercer le "métier de roi". Les chroniqueurs contemporains lui reprochèrent ce que l'on appellerait aujourd'hui son libéralisme. Ainsi, accorda-t-il certains droits aux Juifs. On lui doit aussi l'édification de nouvelles villes, ce qui lui attira quelques antipathies.

L'histoire en a fait (et ce, sur les dires de la reine Aliénor) un moine couronné. Pourtant il ne fut pas toujours un fervent adepte de Rome puisqu'il s'opposa au pape Innocent II à propos de l'archevêché de Bourges.

Ce que l'histoire ne lui a pas pardonné est d'avoir répudié Aliénor. Cela ne fut une erreur politique que parce que la reine répudiée eut l'outrecuidance d'épouser ensuite le plus grand rival du roi de France, Henri Plantagenêt.

La France est alors située entre deux pays qui accroissent leur puissance, l'Empire et l'Angleterre. Cela explique la sévérité des jugements car le règne est situé dans une période difficile. Comme son père, Louis VII cherche à faire valoir son autorité. Les bourgeois d'Orléans, de Poitiers ou de Sens l'apprirent à leurs dépens. Comme son père, il se battit sans relâche contre ses seigneurs, barons ou comtes.

Louis VII épousa la jeune et belle Aliénor d'Aquitaine neuf jours avant le décès de son père. Depuis quelques semaines la princesse était héritière de l'Aquitaine. C'était là le plus grand domaine qui relevait de la Couronne de France. La région représentait l'équivalent de dix-neuf départements actuels. Fort de ses droits, Louis VII revendiqua le comté de Toulouse mais dut pour ce faire se rendre sur place, ce qui représenta la plus lointaine expédition qu'aucun Capétien n'eût jamais menée en royaume de France.

Le mariage se passa bien pendant une dizaine d'années. Puis apparurent des désaccords qui devaient mener à l'un des divorces les plus fameux de l'histoire de France pour ses lourdes conséquences. La reine avait suivi Louis en Terre sainte et, d'après quelques mauvaises langues, c'est en Palestine que les choses se gâtèrent. Il semble que la reine ait eu une liaison avec Raymond de Poitiers, prince d'Antioche, qui était aussi son oncle paternel. Des bruits coururent même sur les sentiments qu'elle aurait portés au musulman Saladin.

Et, dès que les royaux époux furent rentrés en France, des membres de la famille leur firent savoir que des liens de parenté existaient entre eux. Chose curieuse, on ne s'en était pas aperçu auparavant. On cherchait vraisemblablement un prétexte pour annuler le mariage. Le divorce pouvait ainsi être prononcé aux yeux de l'Eglise. De fait, si on remontait quatre générations du côté du roi et cinq du côté de la reine, on trouvait un aïeul commun : Robert le Pieux.

Le 18 mars 1152, le divorce était prononcé. Le 18 mai de la même année, Aliénor épousait le fils de Geoffroy d'Anjou, Henri Plantagenêt. On le surnommait Plantagenêt parce qu'il avait l'habitude d'orner sa toque d'une branche de genêt. Henri était par sa mère Mathilde, le petit-fils du roi d'Angleterre Henri Beauclerc. Il régnait sur la Touraine, l'Anjou et la Normandie. Aliénor, outre ses charmes, lui apportait l'Aquitaine. L'année suivante, il devint roi d'Angleterre. La guerre avec le roi de France était inévitable.

Les deux hommes étaient très respectueux l'un envers l'autre. Ainsi Henri refusa d'assiéger une ville où se trouvait le roi de France car il était son suzerain. Il voulait en cela donner l'exemple à ses propres vassaux.

Quant aux amours de Louis VII, elles furent encore bien tumultueuses pour un saint homme. En 1154, Louis épousait Constance de Castille, qui mourut peu après (1160). Il se remaria ensuite avec Adèle de Champagne. Il faut expliquer ce zèle marital par le fait que le roi n'avait pas de descendant. Enfin naquit le petit Philippe. Louis put ainsi progressivement se retirer des affaires pour passer la main à son fils. Il termina sa vie de manière monacale, une fois la transmission des pouvoirs assurée.

Ci-dessous :
Aliénor d'Aquitaine et Louis VII

En répudiant Aliénor, Louis VII ne soupçonnait pas le royal cadeau qu'il faisait à la Couronne d'Angleterre. Sitôt divorcée, elle épouse Henri Plantagenêt, qui deviendra quelques mois plus tard Henri II. Le plus grand fief de France passe ainsi aux mains des Anglais. La vie entière d'Aliénor dégage un certain parfum de scandale. Par la suite, son second époux sera également son ennemi. Elle complotera contre lui avec leurs deux fils, Richard Cœur de Lion et Jean sans Terre. Cette personnalité pour le moins affirmée sut cependant s'entourer d'artistes, comme Bernard de Ventadour, dans sa cour de Poitiers.

Philippe Auguste

1165-*1180*-1223

Philippe, que l'on surnomma Auguste tout simplement parce qu'il était né au mois d'août, monta sur le trône à l'âge de quinze ans. C'est le premier Capétien à avoir eu de réelles ambitions pour son royaume. Il souhaitait en faire l'un des plus puissants d'Europe. Intelligence, détermination et fermeté de caractère allaient l'aider à réaliser son rêve. Ce règne fut effectivement l'un des plus importants du Moyen Age. Le jeune roi avait un dessein précis : "Je désire qu'à la fin de mon règne la royauté soit aussi puissante qu'au temps de Charlemagne". Il y réussit presque.

L'une de ses plus belles réussites fut de multiplier par deux le territoire de la Couronne. Il sut aussi récupérer à son profit les élans belliqueux de ses seigneurs.

A la mort de son père, la situation n'avait pourtant rien de réjouissant. L'ombre du très puissant Henri II Plantagenêt planait dangereusement sur la France. Le roi d'Angleterre possédait la moitié de la France et il comptait s'emparer de l'Auvergne, du Languedoc, de la Flandre et aussi de la riche Alsace.

Philippe épousa tout d'abord Isabelle de Hainaut, ce qui lui apporta l'Artois. Il eut à lutter contre une coalition menée par sa propre mère. Adèle souhaitait exercer la régence puisque son fils était très jeune. Elle était soutenue par ses frères, les comtes de Champagne et de Blois, ainsi que par l'archevêque de Reims. Le roi se retrouvait relativement encerclé et la situation était dangereuse. La Flandre, vassale de l'empire, s'allia également aux coalisés. Mais Philippe comptait sur sa jeune épouse pour faire pression sur son père. Il menaça de la répudier.

Gilbert de Mons nous relate la fin de l'histoire. "En 1185, la reine Isabelle devint odieuse aux Français parce que son père prêtait assistance aux comtes de Flandre, comme il y était tenu en qualité de vassal. Les grands de la cour pressaient le roi de divorcer. Un jour avait été fixé à Senlis, où la répudiation serait prononcée, quand la reine Isabelle ayant déposé ses vêtements précieux pour revêtir le costume le plus humble, parcourut pieds nus les rues de la ville, priant Dieu à voix haute qu'il écartât son royal époux des pernicieux conseils. Le peuple en fut ému. Il aimait sa bonne reine." Le roi ne put alors que céder. Il finit en outre par décider son beau-père à abandonner les coalisés. La guerre devint d'un seul coup beaucoup plus facile et elle se termina à la faveur du roi de France en 1186.

Pendant ces cinq ans de crise "interne", le roi Henri n'avait pas cherché à profiter de la situation. Il y avait pourtant été invité par Adèle de Champagne. Il faut dire que le roi d'Angleterre avait lui aussi quelques problèmes à régler au sein de sa propre famille. Ce fut donc Philippe qui s'offrit le luxe de provoquer le puissant roi d'Angleterre. La guerre fut courte et Henri capitula de manière peu glorieuse à Azay-le-Rideau. Le fils d'Henri, Richard, qui avait le cœur si vaillant qu'on le surnomma Cœur de

Lion vint alors à la cour de France. Il avait durant le conflit choisi le camp français contre son père.

Et la guerre allait reprendre contre l'Angleterre quand on apprit que le terrible Saladin avait repris Jérusalem. Mais malgré l'invitation du pape aucun des deux rois ne souhaitait abandonner son royaume pour se rendre en Terre sainte. Peu après, Henri mourut et c'est Richard qui devint roi d'Angleterre. Philippe restitua alors à son ancien allié les terres qu'il avait prises à son père. Mais cette amitié n'allait pas durer puisqu'il n'y avait plus d'ennemi commun. Le pape attendait toujours que les deux rois daignent bien se rendre à Jérusalem. La croisade finit tout de même par s'organiser.

Le 4 juillet 1190, les deux rois amis et ennemis se retrouvaient à Vézelay. A Marseille, on sentait déjà une certaine tension. Il faut dire que Richard refusait d'épouser Alix, sœur de Philippe. Ils réussirent néanmoins à prendre Saint-Jean-d'Acre. Philippe, estimant qu'il avait alors assez donné pour la sainte cause, apprit à ses compagnons que son état de santé ne lui permettait pas de rester et qu'il devait regagner la France au plus vite. Saladin tenait toujours Jérusalem.

La maladie de Philippe venait surtout du fait que le comte de Flandre avait trouvé la mort devant Saint-Jean-d'Acre. Un problème de succession se posait alors. Avant de partir, Philippe promit à Richard de ne pas profiter de la situation ! A peine rentré, Philippe se mit en quête de trouver un moyen pour arrêter le roi d'Angleterre. Il le trouva en la personne de Léopold, duc d'Autriche, ennemi juré de Richard. Léopold n'eut aucune difficulté à arrêter Richard et à le mettre en prison chez l'Empereur.

La France gagna de ces intrigues la Normandie et le Vexin. Mais lorsque Richard fut libéré en 1194 la guerre était inévitable. Le conflit "franco-anglais" reprit alors tout naturellement. Richard était militairement d'une supériorité évidente. C'est à cette époque que Richard fit construire la fameuse forteresse de Château-Gaillard qui fut un modèle du genre. Cela ne l'empêcha pas de se faire tuer en assiégeant Châlus dans le Limousin. Il faut saluer le talent militaire de ce roi ; entre autres, c'est grâce à lui que Saint-Jean-d'Acre fut prise sans difficultés.

En 1199, Philippe était définitivement débarrassé de Richard. Le nouveau roi d'Angleterre était son frère Jean sans Terre. Jean était loin d'avoir le talent militaire de son frère. Et la guerre se poursuivit.

Pendant ce temps, la reine Isabelle de Hainaut était morte après avoir enfanté un fils. Le roi avait son héritier. Philippe chercha alors à se remarier. La nouvelle élue fut Ingeburge, dite Isambour, la fille du roi du Danemark. Cette union lui permettait de revendiquer quelque droit sur la Couronne d'Angleterre. Très vite ce mariage se révéla une erreur sinon stratégique du moins sentimentale. Le moins que l'on puisse dire est que Philippe ne fut pas sensible au charme scandinave. Le lendemain même du mariage il pensa à répudier la jeune épousée. Il disait qu'il lui était "impossible de vivre avec cette femme". Il la fit donc enfermer comme il avait déjà fait enfermer sa première femme Isabelle de Hainaut quand il avait été question de divorce. Il s'avérait difficile d'être reine de France !

Le 5 décembre 1193, le divorce était prononcé. On avait encore eu soin de trouver un lien de parenté. Mais cette fois le pape, Innocent III, ne fut pas dupe. Les rapports entre les deux hommes ne furent jamais bons. La croisade, comme on l'a vu, n'avait pas particulièrement passionné Philippe. Innocent III se refusa donc à accepter ce divorce qui n'avait d'autre raison que la féroce antipathie que le roi vouait à sa grande blonde de femme. De son côté, la pauvre Isambour, quelque peu isolée, tenta de se faire aider par le pape. Tout ce qu'elle y gagna fut d'être désormais retenue non plus dans un cloître mais dans une forteresse.

Quant à Philippe, il se souciait peu de l'annulation de Rome et cherchait une princesse à épouser. Celles-ci ne se précipitaient pas dans le lit royal, vu le sort qui avait été réservé aux deux reines précédentes. C'est sur ces entrefaites que Philippe tomba follement amoureux (on commençait à douter de sa faculté en la matière) de la jeune Agnès, fille de Berthold V, comte de Méran en Tyrol.

Philippe décida d'épouser Agnès. Le pape le menaça alors d'interdit. Le roi n'en eut cure et renvoya le légat du pape à Rome. La guerre avec le pape était déclarée. Et pour l'amour de Philippe et d'Agnès, la France fut frappée d'interdit, ce qui signifiait que les églises ne pouvaient plus fonctionner, les morts n'étaient plus enterrés, les cloches ne sonnaient plus. Cette fois pourtant il y avait bel et bien un lien de parenté entre les nouveaux époux !

Pendant ce temps, Philippe arrangea le mariage de son fils Louis avec la nièce de Jean sans Terre, une certaine Blanche, originaire de Castille. Ces noces n'empêchèrent pas réellement la guerre qui reprit une fois de plus. L'Aquitaine était en lutte contre son suzerain Jean sans Terre et demanda pour cela l'aide du roi de France, le suzerain de son suzerain. Jean était d'une grande impopularité parmi ses sujets. Le roi de France le somma de se présenter devant la justice dont il dépendait, c'est-à-dire la cour des Pairs de Paris car il avait enlevé pour l'épouser la fiancée d'un comte, Isabelle Taillefer. Comme il ne se présenta pas pour être jugé, il fut dans l'obligation de rendre ses fiefs à son suzerain. Ne pouvant vaincre Jean par les armes, Philippe tentait de le vaincre par la justice.

Bien sûr, Jean ne se laissa nullement impressionner par une telle sentence et continua à défier la justice du roi de France puisqu'il se rendit coupable de l'assassinat de son neveu Arthur de Bretagne. Philippe s'empara alors des terres confisquées et acquit la Normandie, le Maine, la Touraine, le Poitou et l'Aquitaine qui ne demandait pas mieux. Jean fut obligé de céder. On peut dire que par son laxisme, il réussit à détruire ce que trois règnes avaient patiemment accumulé.

Jean eut un dernier sursaut et fomenta une ligue contre le roi de France dans laquelle entrèrent l'empereur Otton, le neveu de Jean, ainsi que les comtes de Flandre et de Bourgogne. Il manquait à Philippe une victoire militaire éclatante, ce fut dans la seule année 1214 les trois batailles de Bouvines, la Roche-aux-Moines et Muret. La coalition était défaite.

Les barons anglais qui avaient des rapports exécrables avec Jean demandèrent au roi de France de placer son fils Louis sur le trône d'Angleterre. Leur attitude, par contre, fut différente une fois que Jean fut décédé, et Louis fut obligé de regagner la France.

La fin du règne de Philippe est marquée par la croisade en Albigeois. L'hérésie cathare s'était considérablement développée et il était temps d'intervenir. Philippe n'y participa point car il ne voulait pas lutter contre son vassal le comte de Toulouse. En revanche, Louis prit les armes au grand regret de son père qui avait vu d'avance ce qui allait réellement se passer. En effet, on le dit auteur de cette prophétie : "Les gens d'Eglise engageront mon fils à faire la guerre aux hérétiques albigeois, il ruinera sa santé dans cette expédition, il y mourra et, par là le royaume demeurera entre les mains d'une femme et d'un enfant." Ce sont là les paroles d'un véritable politique qui non seulement savait exactement ce qui se passait dans son royaume, mais de plus était capable de prévoir ce qui allait s'y passer !

Page en regard :
Le testament de Philippe Auguste

Aucun roi de France ne reçut autant de surnoms que Philippe II dit Auguste, le Conquérant, le Magnanime, le Dieudonné. La Chronique de Tours nous apprend que «Philippe était un bel homme, bien découplé, d'une figure agréable, chauve, avec un teint coloré et un tempérament porté sur la bonne chère (...) Il était habile, ingénieux, bon catholique, prévoyant et opiniâtre. Avec lui montaient sur le siège du juge autorité et droiture. Aimé de la fortune, craintif pour sa vie, facile à émouvoir et à apaiser, il était très dur pour les grands qui lui résistaient et se plaisait à nourrir entre eux la discorde.» Ce fut en effet la technique qu'il adopta pour mener à bien sa lutte contre les Plantagenêts dont l'influence croissante devenait dangereuse pour la France. Sous l'impulsion du pape, Philippe Auguste partit en 1190 pour la troisième croisade avec son allié mais futur ennemi, Richard Cœur de Lion, et Frédéric Barberousse. Après la prise de Chypre et de Saint-Jean-d'Acre, une mésentente réciproque les fit se séparer et regagner chacun leur royaume.

E le me empeur
dalemaigne et ses
gens ayans sejour
ne en anthioche
 grant temps apres
la mort de lempereur frederic
oyans dire comment le Roy
guy de Iherm avoit assiege la
Cite dacre se mistrent a che
min et sen alerent Joindre

en leur siege avec eulx et si
faisoient tous les pelerins
croisez qui la venoient de di
uers pars. pour quoy ceulx
dacre seans le siege croiser
et enforcer deuant eulx mā
derent a salhadin quil les se
courust Et Il ne tarda gue
res quil auoit laisse le sie
ge de tortouse seant quelle

Ci-dessus:

La bataille de Bouvines
Horace VERNET (1789-1863)

La bataille de Bouvines devait véritablement révéler les qualités de conquérant de Philippe Auguste. Jean sans Terre et l'empereur d'Allemagne Otton IV, ainsi que les

comtes de Bourgogne et de Flandre s'étaient rejoints dans une coalition organisée à l'encontre du roi de France. Et le 27 juillet 1214, alors qu'il se trouvait dans le nord près de Lille, Philippe Auguste reçut de plein fouet une armée bien supérieure en nombre. Malgré tout, sa victoire fut totale et la France put

prétendre, pendant quelque temps, imposer son autorité sur l'Europe. Et Philippe Auguste tenta même, fort de sa puissance, de faire monter son fils sur le trône du royaume d'Angleterre mais le projet fut avorté en raison de la mort prématurée du souverain anglais, Jean sans Terre.

Louis VIII le Lion

1187-*1223*-1226

Lorsque Louis VIII monta sur le trône de France en 1223, son histoire était déjà celle d'un roi. Heureusement, car son règne effectif ne dura que trois ans. Nous sommes là en présence de l'un des plus courts règnes de l'histoire de France.

Une histoire de roi qui commence par son mariage. Il était stipulé dans le traité du Goulet qui fut signé entre Philippe Auguste et Jean sans Terre que le futur roi épouserait la nièce de Jean, fille d'Alphonse VIII roi de Castille et d'une sœur de Jean. Autrement dit, les deux futurs époux dont les noces devaient sceller l'alliance entre la France et l'Angleterre, étaient tous deux des petits-enfants des deux maris d'Aliénor d'Aquitaine. Ce fut Aliénor elle-même qui introduisit sa petite fille espagnole auprès de la cour de France pour célébrer les retrouvailles entre les deux familles royales qu'elle avait grandement contribué à opposer l'une à l'autre.

Une histoire de roi qui se poursuit par la victoire militaire contre Jean sans Terre à la Roche-aux-Moines. Puis Louis, sur les instances des barons anglais en révolte contre leur souverain, mena une campagne en Angleterre pour tenter d'en gagner le trône. Son expédition fut arrêtée par le décès de Jean. Louis pouvait revendiquer ce trône parce que sa femme Blanche de Castille était par sa mère une Plantagenêt. C'était bien là ce qu'avait espéré Philippe Auguste en arrangeant ce mariage. Malheureusement pour Louis qui allait bientôt avoir une autre couronne sur la tête, Jean laissait un jeune fils qui n'avait certes que dix ans, mais qui était en lignée directe.

Une histoire royale enfin quand le jeune prince prend la tête de la croisade en Albigeois à la place de son père. Il y avait fortement été incité par le clergé et par le pape. La logique voulait que ce soit Philippe qui s'y rendît mais ce dernier ne tenait pas à se battre contre le comte de Toulouse qui était l'un des six pairs de France et avec lequel, en outre, il avait des liens de parenté. Ce fut donc celui que l'on n'appelait pas encore le dauphin mais "l'aîné des fils du roi de France" qui se rendit en Languedoc pour lutter contre le catharisme. Cette croisade en Albigeois est le fait le plus important du règne.

Mais auparavant Louis eut à se battre contre le roi d'Angleterre qui était Henri III. Ce dernier s'estimait en droit de reprendre la Normandie qui appartenait à ses aïeuls. La rapidité avec laquelle le roi de France rassembla une armée laisse supposer qu'il souhaitait créer un exemple et dissuader ainsi quiconque aurait tenté de profiter de la situation après un règne qui avait maintenu une autorité incontestable.

La situation évoluait rapidement en Languedoc. Raymond VII, comte de Toulouse, prétendait toujours qu'il allait combattre les hérétiques alors qu'il les soutenait. Mais après les campagnes d'Amaury de Montfort, les hésitations du pape retardaient les choses. Après maintes tergiversations, le pape confia cette croisade à Louis VIII dont il connaissait la très grande dévotion. Le pape craignait que cette croisade ne ressemblât trop à une conquête du Sud par le Nord et c'est là ce qui l'empêchait de se décider. L'accord fut néanmoins passé entre Louis et le pape. Si la région était pacifiée, le comté de Toulouse devait revenir à la Couronne.

Des forces considérables furent mises en place. Mais contrairement à ce qui s'était passé au temps d'Amaury de Montfort, de nombreuses villes du sud se soumirent sans se battre. Un changement s'était opéré dans les mentalités. On était désormais fier d'appartenir au royaume de France issu de l'empire de Charlemagne dont, justement, Louis était un descendant par sa mère.

Ces diverses redditions facilitèrent grandement l'avance de l'armée du roi qui, en dehors d'Avignon, ne rencontra pas de forte opposition jusqu'à la ville de Toulouse. La ville était loin de se rendre, le siège risquait de durer longtemps. Louis, dont la santé n'était pas sûre, préféra remettre l'attaque à l'année suivante.

Il ne prit jamais Toulouse car il était déjà bien trop affaibli. On pense que le siège d'Avignon, au cours duquel une épidémie avait sévi, lui fut néfaste. Sa première préoccupation avant de mourir fut de s'assurer du sacre de son jeune fils. Il agit là en parfait Capétien et laissa le gouvernement dans les mains de la reine. A sa mort une grande partie du sud de la France était soumise au royaume.

Ci-dessous:
Louis VIII et Blanche de Castille

Saint Louis

1214-*1226*-1270

S'il est un roi qui est resté gravé dans la mémoire de tous, c'est bien Louis IX plus connu sous le nom de Saint Louis. Peu de souverains ont autant été représentés par des images d'Epinal, et des scènes telles que le bon roi rendant la justice sous un chêne à Vincennes, ou encore lavant les pieds aux lépreux, sont présentes dans tous les esprits.

Cette fortune, Louis IX la doit bien sûr à sa canonisation qui eut lieu en 1297. Louis IX est ainsi l'un des rois du Moyen Age les mieux connus. De nombreuses biographies ont en effet été rédigées de son vivant ou peu après sa mort. Parmi cette abondante littérature, il faut citer la chronique écrite par son compagnon de toujours, Joinville. On connaît donc parfaitement cette dévotion exemplaire qui a fait la grandeur de ce roi. Louis IX passa la majeure partie de son règne à lutter contre les infidèles pour tenter de reprendre Jérusalem. Sa bonté ne connaissait pas de limite. Mais aujourd'hui les historiens s'accordent à penser que le pieux roi était loin d'être tolérant avec les hérétiques et que son entêtement à vouloir reprendre une Jérusalem manifestement imprenable coûta la vie à un très grand nombre de croisés. La notion de sainteté a évolué et il n'est pas certain qu'aujourd'hui le bon roi Louis serait jugé de la même façon. Mais gardons-nous des comparaisons anachroniques. Ce qui nous intéresse ici est que Louis IX ait été jugé un saint homme par ses contemporains.

Dans ses derniers souhaits, Louis VIII avait insisté auprès de ses barons sur un point très précis : conserver la couronne à son jeune fils. La "régence" devait être implicitement assurée par la reine Blanche de Castille. Le jeune Louis IX n'était en effet âgé que de douze ans et la régence devait durer huit ans. Le jeune royaume de France ne s'était jamais trouvé dans une situation telle, où le gouvernement était entre les mains d'une femme et d'un enfant. Par la fermeté de son caractère, la reine Blanche sut parfaitement mener à bien cette première régence féminine.

Pourtant la tâche était rude car beaucoup voyaient dans cet intermède dynastique le moment opportun pour recouvrer quelque pouvoir ou territoire qu'ils avaient perdu. Il faut néanmoins tenir compte du fait que l'on n'était plus aux premiers temps de la dynastie capétienne et que l'ombre de Philippe Auguste planait encore sur le royaume. Autant dire que la monarchie française était alors au faîte de sa puissance. Le royaume de France était le plus riche d'Europe et un certain charisme émanait du roi. Qu'allait-il en être d'un enfant ?

Les régions les plus à craindre étaient la Bretagne et la Marche. Elles étaient sur le point de s'allier à l'ennemi héréditaire du roi de France, le roi d'Angleterre. Pour cette raison, au lendemain même du sacre, Blanche de Castille fut dans l'obligation de lever une armée. La reine entendait ainsi fièrement relever le défi que l'histoire lui lançait, et montrer qu'elle n'était pas de nature à se laisser faire. Le conflit se régla une fois encore par des mariages. Les filles des comtes rebelles furent fiancées aux frères de Louis IX.

Mais Blanche n'aurait pas eu suffisamment de fils pour toutes les régions susceptibles de s'insurger (bien qu'elle ait eu douze enfants). En 1228 il y eut une tentative d'enlèvement du jeune roi. Ce fut un nouvel échec. On plaça Louis sous la protection des bourgeois de Paris. Voilà qui devait calmer les plus turbulents vassaux. Car heureusement, "la veuve et l'orphelin" n'avaient pas que des ennemis. Et cette première régence de France fut une réussite.

Avant d'avoir atteint sa majorité, le jeune Louis avait épousé Marguerite de Provence. On a dit qu'en épousant Marguerite, Saint Louis avait épousé la Méditerranée. Vaste programme ! Il est certain que Marguerite apporta à la cour de France certains traits des cours méridionales. Par ailleurs, Marguerite eut à subir cruellement l'autorité de sa belle-mère. Le jeune roi lui-même qui se trouvait suffisamment encadré et n'était pas loin de trouver sa mère envahissante, ne tenait pas à ce que Marguerite s'occupât des affaires de l'Etat. Elle se contenta donc d'enfanter pour la France. Elle s'acquitta d'ailleurs fort bien de sa tâche puisqu'elle eut onze enfants.

Et la passation de pouvoir entre la mère et le fils eut lieu. Louis avait vingt et un ans. Mais Blanche, forte de son expérience, garda toujours une grande influence sur son fils. Ce que l'on retient souvent du règne de Saint Louis est le faste des cérémonies qui furent données. Les détails de ces réceptions sont connus grâce à Joinville. C'est d'ailleurs à une réception donnée à Saumur que le jeune Joinville rencontra le roi. Ils ne devaient plus se quitter. Le prétexte de cette fête était que le jeune frère du roi, Alphonse, recevait le Poitou et l'Auvergne en apanage. Saint Louis inaugura la politique des apanages. Charles recevait l'Anjou en apanage et Robert l'Artois. Ces régions se trouvaient donc directement sous la tutelle du roi. Ces fêtes étaient, certes, l'occasion de festins, mais elles devaient faire connaître la puissance du souverain (comme les Panathénées dans l'Antiquité), auprès des barons de la région mise en apanage. Saint Louis commença en cela une politique de prestige qui sera reprise à quelques exceptions près jusqu'en 1789.

Mais cette somptueuse réception de Saumur n'y suffit pas, et Hugues le Brun, comte de la Marche, fomenta une coalition contre Alphonse de Poïtiers. Il trouva un allié complaisant en la personne du roi d'Angleterre Henri III. Saint Louis leva immédiatement une armée et vainquit les coalisés au pont de Taillebourg dans une bataille restée célèbre. Mais c'est à Saintes qu'il eut définitivement raison de ses ennemis. Cependant le roi de France tenait à régler de manière "légale" ce conflit qui risquait d'amener les deux souverains à reprendre les armes ultérieurement. Le traité de Paris accordait à Louis IX la Normandie, l'Anjou, le Maine et le Poitou. Le problème anglais était réglé pour quelque temps.

Tout était en place pour organiser la croisade. Saint Louis pouvait partir tranquille, il savait que sa mère était capable de prendre les choses en main pendant son absence. En 1244, le roi fut gravement malade. Il toucha les reliques de la Passion et fut miraculeusement guéri. C'est ce qui le décida à partir en Terre sainte. Tout son entourage n'était pas convaincu car la reine était âgée. La tradition voulait que chaque année à Noël le roi offrît à chacun de ses chevaliers un manteau. En l'année 1245, les manteaux étaient ornés d'une croix rouge. Le message était clair et chacun comprit la détermination du roi.

La situation en Terre sainte était la suivante : Jérusalem avait été dévastée par des mercenaires turcs à la solde du sultan d'Egypte. Les chrétiens avaient été battus à La Forbie et leurs positions étaient très menacées. Le 12 juin 1248, Saint Louis prit solennellement son bâton de pèlerin en l'abbaye de Saint-Denis. Le convoi de vingt-cinq mille hommes et huit mille chevaux prit la route d'Aigues-Mortes qui était le port d'embarquement. La première étape fut Damiette dont la prise fut aisée. Les croisés comptaient ensuite atteindre Le Caire. Mais les musulmans les attendaient de l'autre côté du fleuve de la Mansourah. La guerre dura deux mois. Les infidèles creusaient la rive du fleuve et les croisés n'arrivaient pas à avancer. Par ailleurs, ils étaient coupés de Damiette et les vivres commençaient à manquer. Le roi décida alors que la retraite était plus raisonnable. Mais une épidémie de peste s'était déjà déclarée et le roi, très affaibli, avait du mal à se maintenir à cheval. Il fut fait prisonnier avec douze mille hommes. Pour être libéré, il fut dans l'obligation de rendre Damiette et de payer une rançon de quatre cent mille livres. Pour ce faire, il dut emprunter aux riches moines-chevaliers qu'étaient les Templiers. Par ailleurs, les nouvelles de France n'étaient pas excellentes. La reine Blanche essaya de persuader son fils de rentrer. Il y avait davantage de défections parmi les croisés que de nouveaux arrivants.

Néanmoins, le roi ne se décida pas à rentrer. Au total, il resta quatre ans en Palestine. Il contribua à fortifier les quatre villes qui restaient aux mains des chrétiens, à savoir, Acre, Tyr, Sidon et Jaffa. Mais en 1254, la santé de sa mère étant plus que mauvaise, il se décida à rentrer. La septième croisade resta un échec malgré l'acharnement du roi.

A son retour Louis fut accueilli comme un héros. Le plus grave événement qui avait eu lieu pendant son absence était la tristement célèbre marche des Pastoureaux, une croisade d'enfants et de pauvres gens qui suivirent un illuminé, le "Maître de Hongrie". Mais comme les choses tournèrent au brigandage et même à l'hérésie, la horde des Pastoureaux se termina par un massacre, la reine Blanche ayant ordonné à ses prévôts de sévir.

Sur le plan intérieur, Louis IX fut un grand légiste. Non seulement, il lui arrivait de rendre lui-même la justice, mais, surtout, il fut à l'origine de grandes innovations en la matière. Il créa à l'intérieur de la cour une section judiciaire composée d'hommes de loi. Cette section est l'ancêtre du Parlement de Paris. Il mit également en place des sortes d'enquêteurs royaux qui étaient chargés de contrôler le travail des baillis et sénéchaux. Par ailleurs, il interdit les guerres privées dans ses domaines. Le duel judiciaire était également proscrit. Enfin il encouragea l'enseignement et créa des hôpitaux comme celui des Quinze-Vingts. Rappelons par ailleurs qu'on lui doit la construction de la Sainte-Chapelle, sorte de châsse gigantesque qui devait abriter les reliques de la Passion qu'il avait acquises.

Mais comme il le disait lui-même, Louis IX était chrétien avant d'être roi. C'est pour cette raison qu'il faisait appliquer au fer rouge une fleur de lys sur la bouche des blasphémateurs. C'est pour cette raison également qu'il projeta, à partir de 1267, une nouvelle expédition en Palestine. Il ne trouva personne pour l'approuver dans son entourage. Voici par exemple ce qu'en pensait Joinville: "Si nous ne nous croisons pas, nous perdons l'amitié du roi, si nous nous croisons, nous perdons l'amitié de Dieu, car nous ne nous croisons pas pour lui, mais par peur du roi." Malgré cela, sept mille hommes embarquèrent une nouvelle fois à Aigues-Mortes en 1270. La tactique n'était pas la même; les croisés souhaitaient convaincre l'émir de Tunis. Pour cette raison, ils se rendirent à Tunis où un malentendu déclencha le combat. Déjà une épidémie s'était déclarée à bord. Mais la proximité des cadavres et le manque d'eau pure furent fatals au roi et à bon nombre de ses compagnons. Louis IX fut atteint de dysenterie. Peu avant sa mort, il vit décéder son fils Jean Tristan âgé de vingt ans. Ce coup l'abattit définitivement. Philippe III, le nouveau roi, ramènera à Saint-Denis les ossements de son père qui déjà, avant même la canonisation, étaient considérés comme des reliques.

Philippe III le Hardi

1245-*1270*-1285

Ce règne de quinze ans est placé entre deux règnes qui ont marqué le XIIIe siècle. Philippe III tint cependant "hardiment" sa place et continua autant l'œuvre de son père qu'il prépara celle de son fils.

De même que Blanche avait eu sur son fils un ascendant déterminant, Marguerite de Provence se révéla à la mort de son époux dotée d'ambitions dignes de celles de sa belle-mère. Cela nous donne une idée du respect qu'elle vouait à son époux puisque de son vivant, elle n'eût jamais osé se manifester. Elle avait réussi à obtenir de son fils Philippe un serment par lequel il s'engageait à obéir à sa mère jusqu'à sa trentième année. Mais ce serment fut dénoncé et annulé.

Des conseils, le jeune roi en avait reçus. Nous retrouvons bien là toute la personnalité de son père qui s'exprimait de la sorte : "Cher fils, si tu viens à régner, efforce-toi d'avoir ce qui est affaire de roi, c'est-à-dire qu'en justice et en droiture tenir, tu sois raide et loyal envers ta gent sans tourner à destre ne à senestre mais toujours à droit quoi qu'il puisse advenir. Et si un pauvre a querelle contre un riche, soutiens le pauvre plus que le riche jusques à temps que la vérité soit éclaircie et quand tu sauras la vérité, fais lors la droit."

Fort de ces sages conseils, Philippe monta sur le trône sous les murs de Tunis en 1270. Il avait en effet accompagné son père en croisade. Le bilan était lourd. Outre le roi, la peste avait fait de nombreuses victimes. Parmi elles, Alphonse de Poitiers, frère de Louis IX, et son épouse, mais aussi le roi de Navarre et le comte de Nevers. Le règne commença donc dans une grande tristesse. Tous ces seigneurs laissaient des territoires sans succession. Pour cette raison, Philippe se hâta de rentrer en France. Il conclut rapidement une trêve avec les musulmans. La situation était clarifiée et la paix devait durer dix ans. Ainsi se trouvait relégué le conflit qui avait perturbé Louis IX pendant la majeure partie de son règne.

Le jeune roi remporta un premier succès intérieur contre Roger Bernard, comte de Foix. Le roi de France commençait à faire tailler la roche sur laquelle se dressait la forteresse de Roger qui fut contraint à se rendre.

Puis, Philippe entreprit une expédition en Languedoc pour reprendre de manière pacifique, comme il y était autorisé, le comté de Toulouse hérité de son oncle Alphonse décédé pendant la croisade. En passant, il plaça sous la protection royale la jeune héritière du royaume de Navarre dont le père était décédé pendant la croisade. Il la fiança d'ailleurs à son fils, ce qui représentait le plus sûr moyen de s'en faire une fidèle alliée. Philippe entreprit également l'annexion de la ville de Lyon qui devait aboutir plus tard.

Il fit consciencieusement son métier de roi, défendant l'opprimé comme son père le lui avait conseillé, intervenant dans différentes communes pour régenter les administrations. Il mit en place un système hiérarchique d'offices. Il s'entoura de simples conseillers qui n'étaient pas toujours des seigneurs ou des clercs. Son "premier ministre" par exemple fut pendant un temps Pierre de Brosse qui était un ancien chirurgien-barbier. Il le nomma chancelier. Ce phénomène est à noter car Louis IX n'avait pas de conseillers aussi proches.

Mais Pierre de Brosse finit par être disgracié et pendu, car il intervint alors une autre personnalité dans l'entourage du roi. La reine Marie de Brabant était la seconde femme de Philippe, Isabelle d'Aragon étant décédée assez jeune. On disait de Marie qu'elle était fort lettrée et brillante. Elle amena une certaine gaieté à la cour. Mais elle n'était sans doute pas totalement dénuée d'ambitions. Pour prévenir toute rivalité, Pierre de Brosse accusa la reine d'avoir empoisonné le plus jeune fils du roi et d'Isabelle. Elle aurait ainsi voulu évincer les enfants royaux du premier lit. Entre le chancelier et la reine, on préféra la reine et c'est Pierre de Brosse qui dut se retirer.

La campagne menée contre le roi d'Aragon constitue un autre épisode marquant de ce règne. C'est surtout le pape français Martin IV qui avait des griefs contre Pierre d'Aragon. Mais Philippe se laissa tenter ; il voulut venger le massacre des Français lors des fameuses Vêpres siciliennes. Le pape proclama Pierre déchu de son trône et Charles d'Anjou roi d'Aragon. L'échec de l'expédition française montra la démesure de cette ambition. L'armée fut obligée de se replier à Perpignan où Philippe le Hardi s'éteignit le 5 octobre 1285.

Ci-dessous :
Philippe III et Isabelle d'Aragon.

Philippe IV le Bel

1268-*1285*-1314

S'il est un roi qui se souciait plus de son gouvernement que de sa popularité, c'est bien Philippe le Bel. De nombreuses légendes ont circulé sur la dureté de son caractère et les historiens ont bien des difficultés à faire la part des choses. Il condamna avec la même fermeté les Templiers ou ses trois brus accusées d'adultère. Pour cette raison il peut apparaître comme une sorte de monstre froid et cynique. Il est certain qu'il fut, toute sa vie durant, très redouté.

Philippe le Bel a largement contribué à faire de l'appareil monarchique un système structuré, puissant et centralisateur. La première de ses qualités fut d'avoir su s'entourer. Il choisit ses conseillers parmi des légistes formés au droit commun. Parmi eux, il faut citer Pierre Flotte, puis Guillaume de Nogaret et Enguerrand de Marigny. Philippe organisa une véritable chancellerie. Car le roi de France n'est plus seulement un suzerain auquel ses vassaux rendent l'hommage ; il est à la tête de ce qui est en train de devenir un véritable Etat. La Normandie, la Bretagne, la Champagne, la Bourgogne, le Languedoc et la Provence sont progressivement en train de former ce royaume de France qui devient la première puissance de l'Europe.

Philippe le Bel est entre autres à l'origine de ces réunions d'assemblées qui deviendront les états généraux. Cela est également très révélateur. Pour gouverner, ce prince a décidément besoin de conseils et il ne répugne pas à aller les chercher chez les gens du peuple. La fréquence de ces assemblées ne signifie pas que les relations féodales sont moindres, bien au contraire puisque la participation des vassaux aux affaires est l'essence même du système féodal. Le Parlement se fixe à Paris. Son rôle et ses compétences sont précisés. Cette mesure va toujours dans le même sens : à chacun son métier … le pays ne s'en portera que mieux. Les seigneurs n'ont plus le monopole de la justice, et cela pour son meilleur fonctionnement.

Philippe avait épousé en 1284 Jeanne, la fille du roi de Navarre qui était mort sous les murs de Tunis. Il eut trois fils qui régneront après lui et une fille, Isabelle, qui sera l'épouse d'Edouard II et donc reine d'Angleterre.

Lorsqu'il monte sur le trône en 1285, le nouveau roi doit débrouiller la complexe situation du conflit avec l'Aragon. Ce conflit qui lui semblait une erreur était surtout le fait du pape. Philippe III s'était laissé tenter et avait envoyé des troupes en Sicile. Le différend fut réglé promptement et diplomatiquement grâce à l'intervention du roi d'Angleterre Edouard Ier. Le traité de Tarascon donna le royaume de Naples à la maison d'Anjou, et la Sicile à l'Espagne.

La première entreprise fut de clarifier les rapports avec la perfide Albion. Les relations entre les deux souverains étaient apparemment bonnes et visaient à maintenir un *statu quo*. Mais cet équilibre se révéla précaire, comme une simple bagarre entre deux équipages le prouva. La guerre était latente et le détonateur en fut une "querelle de matelots". Chacun des deux partis, l'Anglais et le Normand, se plaignit respectivement à son roi. En attendant le règlement judiciaire de l'affaire, la Guyenne fut occupée par des troupes françaises. Alors, Edouard dénonça son hommage à Philippe ; la guerre était déclarée. C'est là qu'intervient un autre aspect du talent du Français. Le Capétien joua sur la position insulaire de son ennemi et prit l'initiative de créer une flotte, ce qui représente une "première" dans l'histoire de la marine. La seconde grande idée fut de réaliser le premier blocus.

La conséquence immédiate de cette offensive fut de transporter la guerre vers la Flandre. Les Anglais ne pouvaient plus exporter leurs laines vers la Flandre, ce qui déstabilisait l'économie flamande.

La France reçut l'appui des marchands flamands (parti du lys de France), et l'Angleterre, celui du comte Guy de Dampierre et du petit peuple (parti du lion de Flandre). Le 11 juillet 1302, Philippe fut défait à la bataille de Courtrai. Cette défaite française est restée dans l'histoire comme la victoire des petites gens sur la plus puissante armée d'Europe. Cuisant échec qui fut vengé deux ans plus tard à Mons-en-Pévêle.

Mais ces guerres avaient quelque peu amputé les finances royales. Diverses solutions, toutes plus impopulaires les unes que les autres, furent imaginées. Tout d'abord des impôts furent demandés aux Etats, ce qui entraîna la formation de ligues de la part de certaines communes alliées à la noblesse. La condamnation du Temple et la confiscation de ses biens permirent d'améliorer la situation. Enfin, Philippe envisagea le prélèvement de décimes sur les clercs.

Mais il se heurta alors au pape Boniface VIII. Les relations entre les deux hommes furent on ne peut plus difficiles. Elles étaient déjà mauvaises lorsque Philippe fit arrêter l'évêque de Pamiers qu'il soupçonnait d'intriguer avec l'Espagne. En 1303 le roi de France fut excommunié. Cela ne dut pas le choquer outre mesure puisque la sentence commençait à être fréquente chez les souverains. Mais cette fois, il ne s'agissait ni de divorce ni de polygamie. On touchait là au vrai problème de rivalité entre deux pouvoirs qui n'allaient cesser de s'affronter. Le roi entendait bien être le maître chez lui et le pape était maître sur toute la chrétienté.

Philippe ne voulut pas laisser cette situation en suspens. Cette fois, il ne chercha pas à régler le problème par la justice ou la diplomatie. Il envoya des troupes à Rome. Il se trouva ainsi faire le jeu des ennemis du pape, la puissante famille Colonna. Le pape était allié aux Orsini et les deux familles en lutte se disputaient Rome. Boniface VIII ne survécut pas aux brutalités que lui infligèrent les partisans des Colonna.

Les relations qu'il eut avec son successeur Clément V furent beaucoup moins orageuses. C'est sous ce pontificat que fut décidée la tristement célèbre suppression de l'ordre des Templiers. L'affaire ne dura pas moins de sept années. En 1307, cent trente-huit Templiers étaient interrogés et torturés. En 1314, le grand maître du Temple Jacques de Molay était brûlé vif. L'attitude de Clément V face à cette condamnation fut tout d'abord hostile. Puis il laissa faire le roi de France qui était bien déterminé à mettre la main sur le fameux trésor du Temple.

Mais Philippe le Bel fut en quelque sorte puni pour sa cupidité. Et l'on ne peut s'empêcher d'évoquer ici les dernières paroles de Jacques de Molay qui eurent valeur de prophétie. De son bûcher, le grand maître du Temple maudit ses bourreaux, ainsi que leurs descendants. La même année décédaient Philippe le Bel et Clément V. Quatorze ans plus tard, la dynastie capétienne se retrouvait sans roi et sans héritier...

Ci-contre:
L'hommage à Philippe le Bel

*Edouard II d'Angleterre, que sa
passion pour ses favoris devait
conduire à sa perte, avait cependant
une femme, Isabelle de France, la
fille de Philippe le Bel. Nous le
voyons ici rendre hommage à son
beau-père et seigneur, pour le duché
d'Aquitaine et ses autres possessions
en France. Philippe était aux yeux
de ses contemporains un bel homme,
même ses ennemis, qu'il avait
nombreux, s'accordaient sur ce fait.
Voici ce que disait l'un d'eux,
l'évêque de Pamiers: « Il a beau être
le plus bel homme du monde, il ne
sait que regarder les gens sans rien
dire. Ce n'est ni un homme ni une
bête, c'est une statue. » Ces propos
furent jugés injurieux et il fut arrêté.*

54

Louis X le Hutin

1289-*1314*-1316

Louis est le premier des fils de Philippe le Bel à avoir régné. C'est le premier de ces rois que l'on appelle les rois maudits parce que la dynastie avait été maudite par le grand maître du Temple, Jacques de Molay. Le règne de l'aîné des fils de Philippe ne dura que dix-huit mois. C'est l'un des plus courts de l'histoire de France.

En 1314, à la mort de son père, Louis monta sur le trône. Il gouverna tout d'abord avec le principal ministre de son père, Enguerrand de Marigny. Mais tous ses agissements étaient étroitement surveillés par son oncle, le puissant Charles de Valois. Les deux hommes, en rivalité auprès du jeune roi, se détestaient fortement. Cette mésentente existait déjà sous le règne de Philippe le Bel. Le conflit éclata à l'occasion du changement de règne. Le différend concernait la douloureuse question de la Flandre. Ce fut Charles qui l'emporta et Marigny fut disgracié. On l'avait rendu responsable de la mauvaise santé des caisses de l'Etat. Mais à sa mort, Charles de Valois, peu rancunier, le réhabilita.

Alors qu'il n'était encore que Louis de Navarre, le futur roi avait su gagner l'estime des habitants de Lyon au cours de l'expédition qu'il avait conduite dans cette ville. Il s'agissait pour la Couronne de rattacher Lyon, ville indépendante aux mains de ses archevêques, au domaine royal. Louis partit pour la combattre mais n'utilisa pas ses armes. Il fut considéré comme un libérateur car il avait débarrassé la ville de son trop puissant chapitre. Comme il fit arrêter l'archevêque, on lui donna ce surnom de Hutin (qui signifie entêté et querelleur). Le pape cautionna cette nouvelle appartenance de la ville de Lyon à la Couronne.

L'unique conflit qui se déroula sous ce règne fut celui qui opposa une fois de plus le royaume de France à la Flandre. Louis X réunit en 1316 les états généraux pour mener la guerre contre le comte Robert de Béthune. Il tenta une expédition qui ne put être menée à son terme pour cause de pluie et de boue! Par ailleurs, que retenir de ce règne exceptionnel par sa brièveté? Les finances royales se portaient toujours aussi mal que du temps de Philippe le Bel. Louis continua d'affranchir les serfs, comme son père l'avait entrepris, moyennant rachat. "Avons ordonné que par tout notre royaume la servitude soit ramenée à franchise et franchise soit donnée à tous à bonnes et convenables conditions." Le but de l'opération était bien entendu plus lucratif que philanthropique.

Les mesures prises par Philippe auprès de ses seigneurs et vassaux avaient entraîné un mécontentement général qui devait se manifester par la suite. Louis fut dans l'obligation de faire quelques concessions aux seigneurs qui s'étaient une fois de plus ligués.

Mais ce que nous retiendrons surtout de ce règne concerne les deux femmes de Louis. Du vivant de son père Louis avait épousé Marguerite de Bourgogne. Ils eurent une fille, Jeanne. Puis Marguerite, comme ses deux belles-sœurs, fut condamnée par Philippe le Bel pour adultère. Elle fut arrêtée en 1314, et enfermée à Château-Gaillard. Pour pouvoir se remarier sans avoir de problèmes avec le pape, Louis jugea plus rapide et plus efficace de faire étouffer entre deux matelas la reine infidèle. La culpabilité ne fut bien évidemment jamais prouvée. Mais cet assassinat arrangeait trop les affaires du royaume. On connaît Marguerite de Bourgogne car elle fut choisie par Dumas père pour être cette héroïne de la Tour de Nesle. Dans le roman, Marguerite était une sorte de Messaline, qui attirait dans sa tour les plus preux chevaliers, puis les précipitait dans la Seine !

Veuf, Louis put tranquillement épouser Clémence de Hongrie, qui d'ailleurs était sa cousine. Et la nouvelle reine était fort heureusement enceinte lorsque le roi mourut subitement. On attendit patiemment la naissance de Jean Ier qui ne vécut que cinq jours. La dynastie capétienne se trouvait pour la première fois sans héritier, même en très bas âge.

Philippe V le Long

1293-*1316*-1322

Ce fils de Philippe le Bel était celui qui ressemblait le plus à son père par son tempérament. Il avait hérité en apanage du comté de Poitiers. En 1307, il avait épousé Jeanne, fille d'Otton IV qui lui apporta la Franche-Comté. Puis Jeanne, comme ses deux belles-sœurs fut condamnée pour adultère. Elle fut enfermée à Dourdan. Mais ce fut celle des trois infidèles qui fut le mieux traitée car l'adultère ne fut jamais prouvé. Philippe, convaincu de son innocence, accepta donc de la reprendre auprès de lui d'autant que Jeanne lui apportait la Franche-Comté.

Pour la première fois depuis le début de la dynastie capétienne, le roi de France était mort sans laisser d'héritier. Il est vrai que sa femme, Clémence de Hongrie, était dans l'attente d'un heureux événement. Cependant, en attendant la délivrance de la reine, le royaume ne pouvait rester sans personne pour le gouverner. On appela donc Philippe qui était en Avignon. Le comte de Poitiers était en train d'essayer de faire élire par le conclave un nouveau pape. La décision du conclave était alors en attente depuis deux ans et Philippe tenait à faire élire le Français qui devait devenir Jean XXII. Afin d'aider l'assemblée à se décider, il n'hésita pas à faire murer les issues de l'endroit où celle-ci siégeait. Le conclave, prisonnier, fut bien dans l'obligation de céder et d'élire Jean XXII, deuxième pape d'Avignon.

Arrivé à Paris, Philippe résolut d'agir en roi. Il convoqua les barons pour recevoir officiellement la régence en attendant la délivrance de la reine. Philippe, nommé gouverneur ou régent du royaume, devait percevoir les revenus en se justifiant auprès de la reine. Si celle-ci accouchait d'un fils, Philippe conservait la régence jusqu'à la majorité du prince. S'il naissait une fille, Philippe serait sacré roi.

Quatre mois plus tard arriva l'enfant attendu par tout le royaume. Mais Jean Ier ne devait vivre que cinq jours. C'est bien là la plus brève histoire d'un roi de France. Certains ont d'ailleurs prétendu que ce décès, on ne peut plus précoce, avait été facilité. Philippe s'empressa alors d'aller se faire sacrer à Reims, et là encore, il préféra faire fermer les portes pour prévenir tout événement perturbateur.

L'avènement de Philippe dans de telles conditions eut pour conséquence de détacher la Navarre du royaume de France. Mais Philippe, en attendant que la fille de Louis X, Jeanne de France, fût majeure, garda la Navarre. Jeanne était aussi héritière des comtés de Champagne et de Brie qui étaient également fort convoités par la Couronne. Un accord fut passé entre Philippe et l'oncle de Jeanne, le duc de Bourgogne, Eudes IV. Le traité stipulait que si le roi mourait sans héritier mâle, les comtés de Brie et de Champagne devaient revenir à Jeanne ou à ses descendants.

Le royaume était donc passablement en train de s'agrandir. Philippe avait obtenu également la Franche-Comté par son propre mariage. La Brie et la Champagne étaient pour le moment acquises. Il faut également préciser que Jeanne de Bourgogne était héritière du comté d'Artois, à la suite de sa mère, petite-nièce paternelle de Saint Louis.

Si dans les comtés les lignées se faisaient par les femmes, les lois d'hérédité étaient bien différentes à la Couronne de France. Car l'accession au trône de Philippe montrait que l'on avait préféré le frère à la fille du roi défunt. Certes Jeanne de France était jeune, mais elle fut définitivement écartée. De là cette règle que l'on appelle par commodité loi salique et qui signifie que l'accession au trône se fait par l'héritier mâle le plus proche du roi défunt. Il fallait créer un précédent pour que cette règle devînt celle du royaume de France, Philippe V s'en chargea.

Philippe fut terrassé à l'âge de vingt-huit ans. Ce deuxième roi maudit avait régné six ans. La reine ne lui avait pas donné d'héritier mâle. Ainsi juste après avoir fonctionné pour la première fois, la loi salique devait être à nouveau appliquée.

Charles IV le Bel

1295-*1322*-1328

Si l'un était hutin, l'autre long, c'est-à-dire grand, tous les fils de Philippe le Bel avaient hérité de lui sa "beauté", c'est-à-dire sa prestance. Mais ce fut le dernier, Charles, qui hérita du même surnom que son père.

A la mort de son frère aîné Louis X, Charles ne s'était pas montré très favorable à la fameuse loi salique. Il était plutôt partisan de sa nièce, la fille de Louis X et de Marguerite de Bourgogne. C'est justement pour écarter de la Couronne la nièce encombrante qu'on eut recours à la fameuse loi salique. Charles ne pouvait pas alors savoir que cette loi sexiste allait bientôt le servir à son tour. Car à la mort de Philippe qui n'avait eu que des filles, la situation était la même qu'à la mort de Louis. Ainsi cette nouvelle loi dynastique qui excluait les femmes pour leur préférer le premier héritier mâle, fut, dès son adoption, appliquée deux fois de suite. La seconde fois, Charles la trouva infiniment moins injuste que la première puisqu'il en était le bénéficiaire.

Philippe avait réuni son apanage, l'Artois, lors de son accession au trône. Charles fit de même et les comtés de Marche et de Bigorre furent rattachés directement au domaine royal. Sous Philippe V le Long, un traité avait été signé, qui stipulait qu'en cas de décès du roi sans héritier mâle, le comté de Champagne devait revenir à la fille de Louis X et à son époux, Philippe d'Evreux.

Dès qu'il monta sur le trône, Charles montra qu'il ne tenait pas à se laisser faire. Il trouva le moyen de ne pas rendre la Champagne en échange d'une coquette somme d'argent.

Le règne de Charles ne dépassa que de quelques mois celui de Philippe. Les trois fils réunis avaient tout juste régné quinze ans. En dehors de leur brièveté, les deux règnes de Philippe et de Charles ont peu de traits en commun. Autant celui de Philippe fut relativement paisible, autant celui de Charles se déroula dans des conditions difficiles. Ce sont surtout les rapports avec l'Angleterre qui se détériorèrent. Le nouveau roi d'Angleterre, Edouard II, avait épousé la sœur des trois rois de France, Isabelle de France.

Le prétexte à la guerre concernait la Guyenne dont le roi d'Angleterre était comte. Un baron, vassal d'Edouard, avait fait construire un château sur une terre que le roi de France jugeait lui appartenir. Le roi de France envoya des troupes. Le baron préféra détruire lui-même sa nouvelle construction plutôt que de la voir au service du Capétien. Charles IV voulut sanctionner cet impudent et demanda pour cela au roi d'Angleterre de le lui livrer. Celui-ci préférait rendre sa justice lui-même.

On en était là des négociations lorsque les deux souverains apprirent que Charles de Valois, le frère de Philippe le Bel et son fils, Philippe, comte de Valois étaient en route pour la Guyenne. Ils menèrent une campagne assez facile et réussirent à prendre bon nombre de places anglaises. L'intervention de la reine Isabelle fit aboutir à une paix provisoire. Le problème de la Guyenne n'était pas définitivement réglé.

Une autre modification territoriale concernait l'échange du comté de Marche contre le comté de Clermont-en-Beauvaisis. Peu après avoir conclu cet accord, le roi décédait. Il était âgé de trente-trois ans.

Charles le Bel avait eu une fille avec sa seconde femme Marie de Luxembourg. Mais sa troisième épouse, Jeanne d'Evreux était, au moment du décès, enceinte de plus de six mois. Dans l'attente de la délivrance, les barons se réunirent, comme cela avait été le cas à la mort de Louis X dont la femme n'avait pas accouché. A qui allait-on cette fois confier la régence puisque tous les fils de Philippe le Bel étaient morts ? Les Anglais prétendaient qu'ils avaient un droit sur la Couronne de France puisque leur reine était la plus directe héritière. Bien sûr on pensait au neveu, fils du frère de Philippe le Bel, Charles de Valois. Mais la parenté était plus éloignée. On comprend néanmoins l'intérêt que celui-ci entrevoyait en allant défendre la Guyenne.

Pour éviter que les Anglais ne s'emparent de cet héritage capétien qui s'était maintenu, parfois difficilement pendant quatorze règnes, on invoqua, ou plus exactement, on inventa pour la circonstance une nouvelle loi. Non seulement les femmes ne pouvaient régner, mais de plus, elles ne pouvaient transmettre la Couronne. Ainsi était écarté Edouard III, le fils d'Isabelle de France et d'Edouard II qui aurait pu revendiquer ce trône par sa mère. Le sexisme du royaume de France se trouvait des raisons bien nobles.

Pages suivantes:

Le mariage de Charles IV et Marie de Luxembourg.

Charles IV, malgré une vie relativement brève, eut trois épouses. En 1307 il avait épousé Blanche de Bourgogne, qui fut l'une des condamnées de la célèbre « affaire des brus ». Ce premier mariage annulé, il épouse en 1315 Marie de Luxembourg, fille de Henri VII. Marie meurt en couches quelques années plus tard. Il épouse alors Jeanne d'Evreux. Ces mariages n'ayant donné le jour qu'à des filles, c'est avec lui que s'éteint la lignée directe des Capétiens, après plus de trois siècles d'existence.

Philippe VI de Valois

1293-*1328*-1350

En 1328, et pour la première fois depuis le règne d'Hugues Capet, la France se retrouve sans héritier direct. Comme la Couronne ne pouvait se transmettre par les femmes, on fit appel à une branche annexe. Pour cette raison, Philippe fut surnommé le "roi salique". A la mort de son cousin germain Charles IV, dont la femme Jeanne d'Evreux était enceinte, Philippe assura la régence. Il n'était pas le seul prétendant à ce trône vide. Etaient également sur les listes Philippe, comte d'Evreux, mari de Jeanne de Navarre, fille de Louis X le Hutin et Edouard III, roi d'Angleterre et petit-fils par sa mère, Isabelle, de Philippe le Bel.

Pour ses ennemis, qu'il avait nombreux, Philippe n'était qu'un roi trouvé. Mais ce nouveau roi qu'on trouva, on ne le chercha pas loin puisque Philippe de Valois était le neveu de Philippe le Bel. Philippe VI inaugura ainsi la branche des Valois qui fait suite aux Capétiens directs.

Philippe était le fils de Charles de Valois, le poète de la famille royale, et de Marguerite de Sicile. Sa mère mourut alors qu'il n'était âgé que de six ans. Jeune homme, il épousa la fille d'un pair de France, Jeanne de Bourgogne. Il vécut à la cour d'Anjou, où, depuis des générations, le luxe était chose courante. Et Philippe devait garder tout au long de son règne l'amour du faste.

Jeanne d'Evreux accoucha d'une fille, Blanche. Cette délivrance marqua le véritable avènement de Philippe VI. Le nouveau roi se dépêcha d'aller se faire sacrer à Reims avant que les pairs de France qui l'avaient désigné comme successeur potentiel ne se ravisent. Il avait alors trente-cinq ans. Edouard III le reconnut comme son roi et lui rendit hommage comme la relation de vassalité entre les deux hommes l'y invitait.

Les fêtes pour le sacre durèrent une semaine et il faut y voir une volonté de propagande. L'histoire a retenu de ce règne la grande facilité avec laquelle l'argent y fut dépensé. Pour ces différentes raisons, la branche des Valois apparaît comme plus frivole et plus artiste que l'austère lignée capétienne. Philippe, par goût, par volonté et par habitude n'hésitait pas à donner de somptueuses réceptions pour lesquelles n'importe quel prétexte faisait l'affaire. On sait également d'après les archives de la comptabilité de son hôtel, que sa résidence parisienne employait deux cent soixante-dix personnes et celle de sa femme cent trente-trois.

Dès qu'il eut coiffé cette couronne tant convoitée, Philippe s'empressa d'aider son vassal Louis de Nevers, comte de Flandre en difficulté dans son comté. Les riches marchands de toile de Flandre revendiquaient alors quelque émancipation. Cette première victoire du nouveau roi de France fut remportée à Cassel. Mais le luxe étalé par Philippe ne suffit pas à convaincre Edouard III qui était toujours prétendant au trône. Edouard se proclama roi de France en 1340. Cette même année, le roi de France avait à essuyer la pénible défaite de l'Ecluse. Désormais les deux hommes ne vont avoir de cesse de s'affronter, faisant ainsi basculer leurs deux royaumes dans la guerre de Cent ans. Cette première tranche de la guerre dura six ans et se termina par la défaite française de Crécy dans la Somme. Les troupes françaises manquaient d'organisation : « Ni le roi, ni ses maréchaux ne purent être maîtres de leurs gens, car il y en avait tant et en si grand nombre de grands seigneurs, que chacun voulait montrer là sa puissance. Ils chevauchèrent en cet état sans arroi ni ordonnance ».

Après cette sévère défaite, les Anglais s'installèrent dans le pays. Edouard III alla ensuite assiéger Calais qui résista héroïquement. Le siège est resté célèbre du fait des six bourgeois de la ville qui offrirent leurs vies en échange de la paix. L'indulgence du roi d'Angleterre fit que leurs vies furent sauvées. La médiation du pape amena une première trêve. Cette trêve ne sera rompue qu'après la mort de Philippe en 1351.

La fin du règne est marquée par les ravages causés par la misère, la peste noire et le brigandage des bandes armées anglaises. Cependant, le royaume ne cessait de s'agrandir. La Champagne, la Brie, l'Anjou, le Maine et le Dauphiné faisaient désormais partie de la Couronne. Philippe mourut à Nogent-le-Roi en 1350. En secondes noces, il avait épousé Blanche de Navarre, fille du comte d'Evreux.

Jean II le Bon

1319-*1350*-1364

S'il est un roi de France qui se montra dénué de sens politique et d'esprit de gouvernement, c'est bien Jean II. Il apparut toujours excessif dans ses agissements comme dans ses sentiments. Ainsi maria-t-il sa fille Jeanne à Charles le Mauvais, puis il s'aliéna ce prince en ne lui donnant pas les terres promises. Il fit également assassiner Raoul d'Eu, connétable de France.

Charles le Mauvais fit alors assassiner un favori du roi. Le meurtrier fut arrêté et ses fiefs de Normandie confisqués. Le frère de Charles le Mauvais, Philippe de Navarre, s'allia alors avec les Anglais; la trêve était rompue. Philippe s'était en outre ligué avec d'autres grands vassaux dont Geoffroy d'Harcourt. Les coalisés aidés des hommes du Prince Noir se répandirent un peu partout en Guyenne et en Aquitaine. Le Prince Noir était le fils aîné d'Edouard III, prince de Galles. L'armée de Jean fut alors écrasée à Poitiers et le roi de France fut fait prisonnier à Londres. Cette captivité devait durer quatre années.

La situation était alors désastreuse. Le dauphin se montrait impuissant à réprimer les dissensions internes. Les villes se soulevèrent et les campagnes se révoltèrent. Ce furent les Jacqueries. Le royaume était totalement dévasté. Jean se résolut à signer une convention qui offrait la moitié du royaume de France à l'ennemi en échange de la liberté du roi. Mais le dauphin et les Etats se refusèrent à de telles concessions et le roi dut rester à Londres.

Cependant, en 1360 était signée la paix de Brétigny qui était plus honorable pour la France. Le fils du roi, le duc d'Anjou, était laissé en otage en Angleterre. Il fallait désormais payer la rançon et de nouveaux impôts furent levés. Les solutions étaient toujours les mêmes. Durant ce règne, il n'y eut pas moins de dix-huit ordonnances pour changer la valeur de la monnaie. Les confiscations des biens des hérétiques, des juifs ou des marchands lombards fournissaient un important complément.

La Bourgogne fut alors acquise, mais Jean eut la mauvaise idée de la confier en apanage à son quatrième fils, Philippe le Hardi. Cette attribution devait s'avérer désastreuse pour la France. La maison de Bourgogne finira en effet par être tellement puissante qu'elle menacera la monarchie.

Malgré toutes ces difficultés intérieures, Jean était néanmoins prêt à partir en croisade lorsqu'il apprit que son fils, le comte d'Anjou, laissé en otage à Londres, s'était enfui. Il y avait là de quoi se moquer facilement des Anglais. Mais Jean, homme d'honneur, préféra se soumettre plutôt que de manquer à sa parole. L'autre explication moins chevaleresque consiste à dire que Jean aurait alors été rappelé par sa maîtresse la comtesse de Salisbury. Il mourut à Londres peu de temps après son retour. Il fut surnommé le Bon par allusion à tous les malheurs qu'il avait connus.

Charles V le Sage

1338-*1364*-1380

Lorsqu'il monta sur le trône de France en 1364, Charles V avait déjà, depuis de longues années, dû s'intéresser aux affaires du royaume. Il avait tenté de maintenir l'ordre dans ce pays ravagé par la guerre contre l'Angleterre. Ainsi, en 1356, le roi Jean ayant été fait prisonnier après la défaite de Poitiers, le jeune Charles qui n'était alors que duc de Normandie, fut nommé lieutenant du royaume.

A ce titre, il convoqua les états généraux de manière à obtenir des troupes et aussi de quoi les entretenir. Mais les états, profitant de ce nouvel affaiblissement de la monarchie exigèrent la mise en place d'une sorte de conseil de régence. Charles préféra dissoudre l'assemblée sans obtenir quoi que ce soit plutôt que de céder. Il s'adressa alors avec plus de réussite aux états de province. Mais les prélèvements de plus en plus lourds et nombreux, nécessaires à cette guerre avaient commencé à déclencher les jacqueries.

Il fallut à nouveau convoquer les états généraux. Cette fois, Etienne Marcel, prévôt des marchands de Paris, se montra plus exigeant encore. Le mouvement d'insurrection qu'il réussit à fomenter avait le soutien de Charles le Mauvais, roi de Navarre. Charles était le gendre de Jean II le Bon mais aussi le petit-fils de Louis X le Hutin par sa mère. A ce titre, il revendiquait le trône de France et n'était pas disposé à faciliter la tâche de son beau-frère.

Face à ces difficultés, Charles fut contraint de céder aux diverses revendications des états généraux. Plus exactement, il feignit de souscrire à leurs revendications car il ne pouvait faire autrement, mais il comptait bien prendre sa revanche le plus rapidement possible. La tentative de dissolution des conditions imposées n'aboutit pas et Etienne Marcel fit alors preuve de davantage de fermeté. Il massacra les plus fidèles conseillers de Charles. Ce dernier n'avait plus qu'à espérer que la discorde entre dans le camp adverse, et que les ambitions d'Etienne Marcel et de la bourgeoisie parisienne finissent par faire peur à la noblesse qui les soutenait.

C'est effectivement ce qui arriva et Charles n'eut aucun mal à s'allier au parti le plus avancé des Parisiens dont le chef, Jean Maillard, assassina Etienne Marcel. On pouvait ainsi espérer ce 31 juillet 1358 que le pays allait retrouver une relative sérénité. Par une entrée triomphale dans Paris, le dauphin officiellement investi de la régence marqua une victoire décisive, et fit taire pour quelque temps les représentants des états généraux.

En 1359, Jean II voulut mettre un terme à sa captivité en signant le traité de Londres qui eût été très grave pour les acquis de la Couronne. Mais ce traité fut heureusement dénoncé par les états généraux qui votèrent immédiatement l'argent et les troupes que Charles avait tenté sans succès de leur extorquer. Ce vote marqua le retour des hostilités avec les Anglais. Ce nouvel épisode de la guerre de Cent ans fut plus dévastateur que décisif. Un

Page en regard:
Le banquet

Ce banquet fut donné en l'honneur de l'empereur Charles IV dans la grande salle du palais. L'archevêque de Reims siégeait à sa droite tandis qu'à sa gauche se côtoyaient le roi de France Charles V et celui des Romains, Wenceslas V, ainsi que l'évêque de Bamberg, conseiller de l'empereur et l'évêque de Paris. Charles V avait le goût du faste et on lui reprocha de dépenser sans compter. La scène qui se déroule devant les convives est le fameux « Grands Entremets » racontant l'embarquement pour la croisade, et le siège de Jérusalem par Godefroy de Bouillon. Au bas des remparts, le roi d'Angleterre. Dans une nef, Pierre l'Ermite, en robe de bure noire, prie. A la fin de son règne, les finances étaient si basses qu'on instaura la célèbre gabelle.

rmieremet list larenesq   des romains. Et auoit autant de distance
de Reims ¶ Apres seoit   du Roy au Roy des romains come du
lempirurs ¶ Apres seoit   Roy a lempereur. Et auoient lempreiur
le Roy ainsi seoir on milieu le Roy et le Roy des romains chascun se
du front de la sale ¶ Apres   parement un ciel de drap dor torde de velu
le Roy de france seoir le roy au aus armes de france. et par dessus ceulx

nouveau traité, moins humiliant que celui de Londres, fut signé en 1360 à Brétigny. Le roi Jean put enfin regagner son royaume et Charles déposa alors son titre de régent.

Il le reprit quatre ans plus tard, alors que son père, homme de parole, partit se constituer prisonnier car son fils, laissé en otage à sa place, s'était enfui. Il mourut à Londres et Charles fut sacré le 19 mai 1364.

Alors une sorte de métamorphose s'opéra et Charles montra cette fois son véritable tempérament, doté d'autant de ruse que de fermeté. Devenu roi, il s'attaqua à la Navarre alliée à l'Angleterre. Du Guesclin remporta alors des victoires décisives qui marquèrent un retour au calme. Charles dut cependant se résoudre à laisser la Bourgogne tant convoitée à son frère Philippe le Hardi, l'autre candidat étant le roi de Navarre. Aucune des deux solutions ne le satisfaisait. L'histoire devait montrer que cette attribution était tout aussi dangereuse pour le royaume de France.

Il restait l'ennemi intérieur qui, à ce moment de paix relative avec l'Angleterre, était constitué par tous les mercenaires à la solde des princes en temps de guerre et qui en temps de paix se retrouvaient sans autre activité que celle de ruiner les campagnes. Charles, qui avait réussi à assainir les finances, put racheter la plupart de ces Grandes Compagnies. Puis la guerre reprit à nouveau contre l'Angleterre.

A la fin du règne de Charles V, les Anglais ne possédaient plus en France que les villes de Calais, Cherbourg, Brest, Bordeaux et Bayonne.

Entre deux guerres, Charles V réussit à instaurer quelques nouvelles règles telles que la substitution de pensions aux apanages (qui plus d'une fois s'étaient avérés dangereux) et l'abaissement de la majorité royale à quatorze ans. La révolte menée par Etienne Marcel l'incita à fortifier Paris et il fit construire les forteresses de la Bastille, du Louvre et de Vincennes. Charles V s'intéressa également à l'administration et tenta d'en réformer les aspects les plus vétustes. C'est ainsi qu'il créa la chambre du Trésor qui contrôlait la gestion des états de province. Il s'accorda la concession exclusive des chartes communales et des lettres d'anoblissement.

Enfin Charles fit preuve d'un grand intérêt pour la marine aussi bien marchande que militaire. Il est vrai que l'ennemi était alors anglais. Des comptoirs furent créés sur les côtes d'Afrique. Charles se montra également ouvert aux arts et aux lettres (en cela il était bien un Valois) puisqu'il créa la bibliothèque royale et donna quelques avantages supplémentaires aux universités.

Il était marié à la fille de Pierre de Bourbon. Jeanne de Bourbon lui donna neuf enfants dont trois seulement lui survécurent. Si l'aîné fut appelé à régner sous le nom de Charles VI, Louis, duc d'Orléans est l'aïeul de la branche Orléans-Valois qui elle aussi donnera quelques rois à la France.

En pleine guerre de Cent ans, ce règne apparaît comme très positif. Charles V sut toujours parfaitement s'entourer, et il fit preuve d'habileté autant que de prudence. Il sut frapper fort lorsque les événements l'y obligeaient. Ce surnom de roi sage qui lui fut donné est la preuve de l'appréciation de son gouvernement.

Page en regard:
L'entrée de Charles V au Louvre
Adolphe ROGER (1800-1880)
Salon de 1835

Charles V fit agrandir le Louvre que Philippe Auguste avait commencé. On lui doit également le donjon de Vincennes et la Bastille. Il fut le premier souverain à s'être réellement intéressé aux arts. Mais il ne fut pas qu'un grand constructeur. Il sut également redresser la situation désastreuse qui laissait aux Anglais la moitié du territoire lorsqu'il arriva sur le trône. Il paya la rançon de Du Guesclin qui réussit à vider la France des Grandes Compagnies en les menant en Castille.
Son règne représente une étape décisive dans la guerre de Cent ans.

Charles VI le Fol

1368-*1380*-1422

Charles VI fut tantôt surnommé l'Insensé et tantôt le Bien-Aimé. Mais ce paradoxe dont l'explication pourrait être une belle histoire a malheureusement donné une France déchirée et ce règne est l'un des plus tristes que la France ait connu.

Ce règne d'un souverain aussi fou que populaire dura quarante-deux ans. Pendant presque un demi-siècle, l'affaiblissement du pouvoir royal ne fait qu'aggraver la situation d'une France meurtrie par un incessant conflit avec l'Angleterre. De plus, la maladie du roi excite les ambitions de deux familles qui vont déchirer le pays en une lutte féroce.

Le fils aîné de Charles qui avait reçu le Dauphiné en apanage fut pour cette raison appelé Dauphin. Il est à préciser qu'avant le règne de Charles V le prince aîné ne recevait donc pas ce nom de « dauphin », appellation qui désormais sera traditionnelle. Lorsque son père mourut, Charles n'avait que douze ans. Certes son père avait bien avancé l'âge de cette majorité à quatorze ans, mais il s'était en cela montré trop optimiste et il fallut mettre en place une régence.

Le dauphin, fort heureusement, à moins que ce ne fut pour son malheur, ne manquait pas d'oncles pour se proposer de remédier à cette immaturité. On trouvait ainsi dans l'entourage du jeune roi les ducs d'Anjou, de Bourgogne et de Berry frères de Charles V, ainsi que le duc de Bourbon, son oncle maternel.

Ces rivalités furent un vrai fléau et réduisirent à néant les efforts de Charles V. Ainsi, avant que la folie ne s'en mêle, la sagesse fut détrônée par les intrigues et les complots. Il était alors à prévoir que ces dissensions internes feraient le jeu du roi d'Angleterre qui, heureusement, était lui aussi mineur. Le grain de sable qui enraya la mécanique consciencieusement mise en place par Charles V fut la dilapidation du Trésor. Le responsable en était le duc d'Anjou, chargé des finances. Le duc tenta de prélever de nouvelles taxes. La révolte éclata. Paris, Rouen et de nombreuses autres villes se soulevèrent. Les Maillotins (ainsi nommés parce qu'ils assommaient les percepteurs à l'aide de maillets de fer) s'opposaient aux pouvoirs de la régence.

Si la paix était acquise pour un moment avec l'Angleterre, on batailla contre la Flandre. Le comte de Flandre, contesté par ses sujets, fit appel à son gendre qui était le duc de Bourgogne. Charles VI jugea alors opportun d'intervenir, car il n'était pas bon, où que ce soit, qu'un souverain fût contesté par ses sujets. Les ambitions municipales étaient aussi dangereuses pour le comte de Flandre que pour le roi de France. La solidarité joua donc. Ce phénomène, aussi social que politique touchait d'ailleurs l'ensemble de l'Europe en passant par Londres ou Florence.

A quatorze ans, Charles VI remporta une victoire décisive contre le petit peuple flamand. A son retour, il pacifia ses propres villes rebelles,

Rouen, Reims, Troyes ou Orléans. Les Parisiens se soumirent au roi victorieux et payèrent. Mais l'appât de la Flandre avait ranimé la guerre avec l'Angleterre. La trêve était une nouvelle fois rompue. Fort des dernières victoires, on décida cette fois d'aller attaquer l'ennemi chez lui et une formidable flotte fut constituée. Elle comptait tellement de navires que Froissard considérait avec optimisme qu'il y en avait "assez pour faire un pont de Calais à Douvres". Ce si beau projet fut finalement remis à plus tard et la flotte française fut détruite par les Anglais !

En 1388, Charles VI a vingt ans. Il prend alors le gouvernement de la France totalement en charge et renvoie ses oncles dans leurs duchés respectifs. Il rappelle à la cour les conseillers de son père qui avaient été tenus à l'écart, ceux que l'on appelait par dérision les "marmousets". Tout allait pour le mieux dans la meilleure des France, et Charles VI, victorieux et en pleine force de l'âge, reçut alors son surnom du Bien-Aimé.

Les frères de Charles V avaient reçu du défunt roi la consigne de marier Charles VI à une jeune princesse allemande. Et l'on trouva Isabeau en Bavière ; mais cette recherche devait s'avérer désastreuse pour le royaume de France. Sans doute aurait-il fallu chercher avec plus de soin...

Charles était donc bien aimé, mais le second surnom n'allait pas tarder à courir sur toutes les lèvres. Le roi partit à la tête d'une armée pour livrer bataille à son ennemi le plus tenace, le roi d'Angleterre, qui lui aussi avait atteint sa majorité. Traversant la forêt du Mans, il fut arrêté par un homme qui lui lança cet avertissement : "Arrête, noble roi, ne va pas plus loin, car tu es trahi". A ce moment, un page, qui s'était endormi, laissa tomber sa lance sur un casque. Ce simple cliquetis fit sortir son épée au roi, qui, pris d'une folie furieuse, attaqua son frère qui le suivait, Louis d'Orléans. Il tua ainsi quatre personnes de son entourage. Il ne devait plus retrouver la raison, tout au moins de manière durable. Il était alors âgé de vingt-quatre ans.

Isabeau se désintéressa alors de son royal époux en compagnie duquel on plaça Odette de Champsdivers. Cette dernière fut sa fidèle compagne et lui donna une fille. Le roi était alors totalement écarté du gouvernement. Ses oncles reprirent les rênes du pays. Leur première intervention fut de renvoyer les fameux marmousets. Puis vint l'heure des rivalités. Louis, duc d'Orléans, frère du roi, s'opposa à son oncle le duc d'Anjou. Mais ce dernier réussit à attirer sur Louis et sur sa femme, Valentine de Milan, la haine du peuple. C'est à cette fameuse Valentine Visconti que l'on doit les guerres avec l'Italie que la France connut durant tout le XVIe siècle. Le duc d'Orléans s'était rendu coupable d'une liaison avec la reine Isabeau. Il fut ainsi momentanément écarté par son ennemi et oncle.

On tenta alors de mettre un terme à la guerre avec l'Angleterre, en mariant le roi d'Angleterre Richard II à la fille de Charles VI Isabelle. Une trêve de vingt-huit ans fut ainsi conclue à Calais. On ignorait alors que le roi d'Angleterre serait détrôné par son cousin qui prit le nom d'Henri IV. La trêve allait être une nouvelle fois rompue.

Philippe le Hardi, duc de Bourgogne, avait toujours tenté de maintenir la paix avec la maison d'Orléans. Mais cette volonté pacifiste fut étrangère à son fils Jean qui lui succéda en 1404. Jean, d'une fougue telle qu'on le surnomma Jean sans Peur, porté en avant par son immense popularité, provoqua l'ouverture des hostilités. Il s'était acquis la sympathie des Parisiens. Tout était en place pour qu'éclate la plus grave des guerres du XVe siècle, la lutte des Armagnacs et des Bourguignons qui devait devenir une guerre civile.

Mais quels sont les faits ? Jean sans Peur fit assassiner son cousin et néanmoins ennemi, le duc d'Orléans, et si cette erreur porta un coup à sa popularité, elle ne suffit pas à entraver son pouvoir; il gouverna de 1408 à 1410, siégeant à la tête du conseil du roi.

Charles d'Orléans entreprit alors de venger son père. Il trouva un fidèle allié en la personne du duc d'Armagnac qui était son beau-père. Le conflit était inévitable. Les Anglais qui trouvaient l'occasion trop belle choisirent le camp des Bourguignons, puis celui des Armagnacs. Peu importait d'ailleurs, du moment que les deux familles s'entre-déchiraient. En 1414 était signée la paix d'Arras, qui donnait l'avantage aux Armagnacs. Mais cette paix ne satisfaisait pas Henri V d'Angleterre qui ralluma le conflit en se prétendant candidat au trône de France. Ce nouvel épisode aboutit à la désastreuse défaite française d'Azincourt.

C'est alors que mourut le dauphin Louis, sans doute victime d'un empoisonnement. Son jeune frère Jean succomba d'une manière analogue. Et c'est le troisième fils de Charles VI et d'Isabeau, Charles qui devint le dauphin. Charles se plaça sous la protection des Armagnacs qui lui signalèrent la conduite scandaleuse de la reine Isabeau. Le dauphin fit enfermer sa mère à Tours. La reine n'allait plus désormais que chercher à se venger et elle eut la vengeance tenace.

Aidée par les Bourguignons, elle réussit à s'échapper et revint à Paris où elle se fit nommer régente. Elle demanda alors assistance au roi d'Angleterre. Sur ces entrefaites, le duc de Bourgogne fut assassiné. Son fils, Philippe le Bon n'eut pas les scrupules qui avaient arrêté son père. Il offrit la couronne de France au roi d'Angleterre, et c'est ainsi que l'ensemble du nord de la France fut occupé par les Anglais. La diabolique Isabeau offrit même la main de sa fille Catherine au nouveau roi étranger. Ce traité qui fut signé à Troyes fut accueilli favorablement, car il mettait un terme à la guerre civile. La monarchie française avait pourtant cessé d'exister.

Deux ans plus tard, en 1422, décédait Henri V. Son frère avait été nommé régent. Il restait cependant un dauphin à la France, le jeune Charles qui n'était que roi de Bourges. Charles VI eut enfin la bonne idée de mourir. Il était totalement isolé et avait été abandonné de tous.

Charles VII

1403-*1422*-1461

On garde de Charles VII l'image de ce petit roi de Bourges qu'une jeune bergère armée eut beaucoup de difficultés à convaincre d'aller se faire sacrer à Reims. La France est alors pour une grande part aux mains des Anglais car les Bourguignons, aidés de la reine Isabeau de Bavière, ont préféré le traité de Troyes à la poursuite de la guerre contre les Armagnacs.

Charles, qui a appris par sa mère qu'il ne serait pas le fils de Charles VI, erre de ville en ville en compagnie de quelques proches qui lui restent fidèles. Il a passé une grande partie de sa jeunesse à la cour de sa femme, Marie d'Anjou, à laquelle il a été fiancé à l'âge de dix ans. Il tenta bien quelques actions dans ce pays sinistré par la guerre civile, mais il fut chassé de Paris par les Bourguignons et le siège du gouvernement (le sien) se retrouva donc à Bourges. Pour cette raison, il n'est que le petit "roi de Bourges".

Comme le duc de Bedford règne au nom du futur roi Henri VI, Charles VII se fait modestement sacrer à Poitiers en attendant des jours meilleurs. Il fait alors preuve d'une grande nonchalance et ne semble pas prêt à débarrasser son pays des envahisseurs. Il est vrai qu'il perdit successivement quelques batailles contre les Anglais et ces revers ne l'incitèrent pas à faire preuve de fermeté et à reprendre les armes. Le découragement du jeune roi est tel qu'il décourage même ceux qui voudraient le soutenir. Le siège d'Orléans donne un coup fatal aux défenseurs de l'indépendance du royaume.

C'est alors qu'une jeune bergère originaire de Domrémy reçoit "l'ordre divin" de lever le siège d'Orléans et de faire sacrer le roi-dauphin à Reims. Elle se rend donc auprès du roi qui se trouve à Chinon. L'entrevue est restée célèbre, car le roi, ne souhaitant pas la recevoir, s'était déguisé mais la Pucelle le reconnut. Elle eut beaucoup de difficultés à le convaincre de sa légitimité. Elle le persuada pourtant qu'il était le fils de Charles VI et il lui accorda les troupes et l'argent dont elle avait besoin.

Et les succès militaires ne tardèrent pas. Il y eut comme un sursaut de patriotisme, et le roi put gagner Reims pour se faire sacrer comme la tradition l'y invitait. C'était là le meilleur moyen de convaincre ceux qui ne l'étaient pas, qu'il était le vrai et le seul roi de France. Mais alors que tous les espoirs étaient permis, l'élan tomba. Jeanne ne réussit pas à transmettre sa force à Charles VII qui, à nouveau, fit preuve de pusillanimité.

Une fois sacré, plutôt que de prendre les armes pour chasser les Anglais, Charles s'en retourna à Chinon auprès de sa cour.

Cette attitude fit dire à Sismondi : "Ce n'est pas un des moindres inconvénients des monarchies absolues que l'influence qu'elles donnent aux vices d'un seul homme pour anéantir l'effet de toutes les vertus, de tout l'héroïsme de ses sujets". Et Jeanne fut effectivement abandonnée par son souverain qui ne tenta aucunement de la sauver lors de son procès. Jeanne,

Charles VII
Jean FOUQUET (1420-1477)

Ce portrait de Charles VII par Jean Fouquet est l'une des premières représentations royales signées. Jean Fouquet était le protégé d'Agnès Sorel.
Ce peintre apparaît comme une sorte de précurseur car il sut allier la tradition réaliste et monumentale héritée de l'art de l'enluminure aux nouveautés venues d'Italie. Tant qu'il fut le roi de Bourges, Charles VII fut trop timide pour gouverner mais lorsque Jeanne d'Arc le fit sacrer roi de France, il devint un souverain énergique. Lors de son procès, il ne tenta rien pour le disculper de l'inculpation pour sorcellerie, mais à sa mort il fit ouvrir une enquête qui conduisit à la réhabilitation. Elle ne fut cependant béatifiée qu'en 1909 et canonisée en 1920.
Charles VII sut doter la France d'institutions durables; il réforma l'armée et son règne vit la reprise économique de la France.

Agnès Sorel
Jean FOUQUET (1420-1477)

Agnès Sorel fut la première favorite officielle. Charles VII la remarqua alors qu'elle venait d'entrer comme demoiselle d'honneur. Elle eut un rôle déterminant dans l'évolution de Charles VII en lui donnant confiance en lui-même. Elle tient son nom de Dame de Beauté du château de Beauté-sur-Marne que lui donna Charles VII.

faite prisonnière, fut livrée aux Anglais. Elle fut alors condamnée au bûcher par un tribunal inquisitoire présidé par Pierre Cauchon. Et le 29 mai 1431, Jeanne était brûlée à Rouen.

Mais si l'élan de Jeanne n'avait pas opéré dans le cœur du roi, il avait sensibilisé ses sujets et la France semblait alors plus facile à mobiliser que son souverain. Une véritable résistance, composée d'insurrections, de complots ou de mouvements de bandes armées se mit en place et ce mouvement, malgré sa spontanéité et son manque de coordination obtint cependant quelques succès. L'exemple venait de Paris et de l'Ile-de-France. Le duc de Bourgogne se brouilla alors avec les Anglais et il se réconcilia solennellement avec Charles VII à Arras en 1435. L'année suivante, Charles VII pouvait entrer dans Paris. Il était désormais le roi de tous les Français.

C'est alors qu'en cessant d'être le simple roi de Bourges, le roi de France changea du tout au tout. Il prit avec une grande fermeté la tête du gouvernement, réforma l'armée qui devint permanente, remédia au brigandage, réorganisa les finances et obtint une paix honorable avec les Anglais. En 1437 était signée la Pragmatique Sanction de Bourges, cette jurisprudence qui devint la base du droit public et des relations avec la papauté. Charles avait bien mérité son surnom de Victorieux.

La France connut alors une période réparatrice et l'agriculture, le commerce et l'industrie redevinrent prospères. C'est à cette époque qu'intervint le célèbre homme d'affaires Jacques Cœur. En 1448, l'Angleterre tenta sans succès de reprendre la guerre. Les Anglais comprirent alors à leurs dépens que la France de Charles VII n'était plus celle de Charles VI. La Normandie et la Guyenne purent ainsi être reconquises. Henri VI ne possédait plus en terre française que la ville de Calais.

Cette métamorphose du roi a été attribuée à l'influence de la belle Agnès Sorel, qui voulait avant tout qu'il se comportât en roi. Comme toujours, les avis divergent sur l'influence des maîtresses royales mais, puisque sa métamorphose fut complète, on peut regretter qu'il ait connu la belle Agnès un peu tardivement.

Si le jeune Charles avait fait preuve d'une certaine indolence, ce ne fut pas le cas de son propre fils et dauphin, qui, lui, dévoilait une impatience à régner que Charles VII trouvait dangereuse. A la fin de sa vie, Charles VII montrait une telle méfiance à l'égard du jeune Louis qu'il craignit un empoisonnement. Le jeûne fut à ce point sévère que le roi n'y survécut pas. Il laissa ainsi une France forte et régénérée à un fils qui n'était pas mécontent de prendre enfin la place de son père.

Louis XI

1423-*1461*-1483

L'histoire de ce règne est injustement méconnue des Français. Ou plus exactement, les véritables mobiles du roi dans son action politique sont souvent gommés par l'antipathie qu'inspire son tempérament. On associe toujours ce souverain redouté à un fond de méchanceté et même de cruauté. De plus, on l'imagine d'une grande austérité, ce qui ne fait que ternir encore davantage son image.

Pourtant Louis XI fut l'un des plus grands rois que la France ait connu. Il avait une grande compréhension du monde de son époque et était conscient que le Moyen Age touchait à sa fin. Sa méfiance maladive venait de l'importance du nombre de ses ennemis. Il était trop autoritaire pour avoir des amis. Il fut ainsi surnommé "l'universelle aragne" (araignée) parce qu'il était extrêmement rusé et faisait grand usage d'espions. Il passa sa vie à intriguer et à comploter. Il conduisit de main de fer le dernier grand règne du Moyen Age et sut mettre une fin honorable à une guerre qui avait affaibli la France pendant un siècle.

Les écrits ne manquent pas et l'on doit avant tout mentionner Commynes, ce conseiller de la cour de Bourgogne qui préféra la Couronne au puissant duché. Commynes était un lettré qui a écrit ses mémoires, véritable mine pour les historiens de ce monde féodal en transformation. Commynes avait pour Louis XI une grande estime : "Le plus habile à se tirer d'un mauvais pas en temps d'adversité, c'était le roi Louis XI notre maître, le plus humble par ses paroles et par ses vêtements et le plus ingénieux à gagner à sa cause un homme qui pouvait lui servir ou lui nuire".

Le fils de Charles VII naquit dans un royaume en guerre. Son père, le roi de Bourges n'était maître que de la partie méridionale du pays car l'autre partie avait été livrée aux Anglais par les Bourguignons. Au moment de sa naissance, Charles VII venait d'essuyer un cuisant échec face aux Anglais. Pour cette raison, le jeune prince fut placé à Loches loin de ses parents. On a voulu voir dans cet isolement la raison de son goût pour la solitude et la simplicité. Ce qui est certain, c'est qu'il ne grandit pas dans les fastes de la cour (qui était alors ruinée). Rien ne laissait supposer qu'il était le dauphin. Mais son précepteur sut l'initier à l'art de la guerre et lui enseigner des qualités qui feront de lui un prince ambitieux et un roi conscient de ses responsabilités.

Pour ces différentes raisons, l'histoire de Louis XI commence bien avant son avènement. Les rapports que le dauphin entretint avec son père ressemblent davantage à des rivalités qu'à des relations d'entraide. Louis était impatient de gouverner et Charles cherchait à tenir son fils à l'écart. Il pensa même le déshériter au profit de son plus jeune fils. Charles avait choisi comme bru Marguerite, la fille du roi d'Ecosse, en guerre contre son seigneur et maître, le roi d'Angleterre.

Le dauphin tenta alors de s'allier à ceux qui profitaient de l'affaiblissement de la Couronne pour se révolter. C'est ce mouvement que l'on a appelé la "Praguerie" par allusion aux troubles qui venaient de secouer la Bohême. C'était la révolte du fils contre son père. Sentant le danger d'un tel désaveu au sein de sa progéniture, Charles eut alors l'excellente idée de charger le dauphin de faire rétablir l'ordre dans le pays, c'est-à-dire de pourchasser ces "écorcheurs" qui ruinaient les campagnes. Les écorcheurs étaient ces hommes armés pour la guerre qui, en temps de paix, vivaient de brigandage et terrorisaient les paysans.

On peut d'ailleurs noter, car ceci nous éclaire sur la personnalité du futur roi, qu'à cette occasion, Louis fit une incursion dans l'Empire et qu'il n'en revint que lorsque Charles, inquiet, le rappela.

Pour calmer définitivement les appétits de son fils, Charles VII lui confia une principauté. Il s'agissait du Dauphiné. La preuve fut alors faite que Louis savait gouverner de manière exemplaire. Il montra là toutes ses qualités d'homme d'Etat, même si l'Etat n'était pas encore le royaume de France et que le dauphin ne régnait que sur le Dauphiné.

Louis décida lui-même cette fois, d'épouser sa voisine Charlotte de Savoie. Il n'eut cure d'ailleurs de l'avis de son père. Le nouvel époux comptait ainsi s'installer durablement dans cette région qui était à la porte de l'Italie. En cela, il annonce la politique de ses successeurs qui n'auront d'yeux que pour ce pays de l'autre côté des Alpes. Car si aujourd'hui les Alpes nous semblent constituer une barrière naturelle, il n'en était pas de même à cette époque où l'Italie était constituée d'un agglomérat de puissantes villes. Ainsi, Louis passa outre l'interdiction de son père et épousa Charlotte et la Savoie dans la foulée, à moins que ce ne fût l'inverse. Mais peut-être par crainte des représailles, il préféra quitter la région pour se réfugier chez l'ennemi de son père, le puissant duc de Bourgogne, Philippe le Bon. C'est là qu'il attendit sagement cinq ans que le trône fût libre.

Enfin cet instant tant attendu arriva le 22 juillet 1461. La première mesure qu'il prit, aussitôt sacré, fut de congédier les conseillers de son père. En fait il gouvernait seul, se servant occasionnellement de tel ou tel conseiller. Mais si l'un d'eux devenait trop influent, trop riche ou trop puissant, il était immédiatement écarté. On lui a reproché d'avoir préféré les parvenus aux grands du royaume. De fait, son plus fidèle "compère", comme il les appelait, fut son ancien barbier Jean Bourré.

Déjà du vivant de Charles VII la situation avec l'Angleterre s'était considérablement améliorée. Peu à peu la paix et la prospérité étaient revenues. Si certaines régions avaient alors suivi le roi comme un seul homme, ce n'était pas le cas de la Bourgogne qui avait tout au long de cette période appris à se gouverner seule. Devant cette nouvelle autorité implacable qu'ils ne sont plus habitués à supporter, les princes contre lesquels Louis n'a de cesse de comploter s'allient et forment la ligue du Bien Public. Ils ont à leur tête le fils du duc de Bourgogne, Charles le Téméraire. Après une victoire peu convaincante à Montlhéry, le roi de France est obligé de négocier.

Mais il n'oublia pas cet échec et bien que la ligue ait été dissoute par le traité, il chercha à reprendre les armes pour venger sa défaite relative. Cette fois Charles le Téméraire alla chercher ses alliés du côté de l'Angleterre. Il y eut une entrevue à Péronne pour tenter une réconciliation. Louis se rendit à l'invitation de Charles le Téméraire contre l'avis de son entourage. Il fut effectivement fait prisonnier et ne fut libéré qu'à de très lourdes conditions qu'il ne respecta pas.

La guerre était alors inévitable. C'est là que se situe le siège de Beauvais, cette victoire royale au cours de laquelle meurt Charles de Berry. Après cette victoire on chantait dans les campagnes de France :

— Berry est mort
— Bretagne dort
— Bourgogne grogne
— Le roi besogne

Mais Louis fut également un excellent administrateur. Il sut ménager ses finances, même s'il dut pour cela lever de nouveaux impôts. C'était un habile chef militaire et un bon économiste. Il développa la poste, installa des paysans sur de nouvelles terres en friche. Il tenta de limiter les importations en favorisant la production nationale comme, par exemple, à Lyon qui devint une capitale du drap. Il développa également les foires. Et beaucoup furent séduits par ce qui était en train de devenir une nation avec toute la solidarité que ce concept sous-entend.

Mais Charles le Téméraire préférait le statut de bourguignon à celui de français. Sa puissance et l'autonomie de son duché en faisaient l'égal du roi de France. Il avait donc des visées territoriales et tenta de gagner l'Empire. Cependant l'entrevue de Trèves qu'il eut avec Frédéric n'aboutit pas et les deux hommes se contentèrent de négocier le mariage de leurs enfants Marie et Maximilien. C'en était fini du rêve bourguignon. De cette union entre la Bourgogne et l'Empire naquit Philippe le Beau, père de Charles Quint qui régnera des deux côtés de la France pour le plus grand malheur de François Ier.

A défaut d'avoir l'Empire, Charles le Téméraire espérait conquérir l'Alsace et la Lorraine. Louis XI réussit à convaincre le roi d'Angleterre Edouard VII de ne pas soutenir le duc de Bourgogne dans son entreprise. Grâce aux intrigues du roi de France, tous abandonnèrent ce prince, qui n'était qu'un duc et pas un roi. Ses sujets se révoltèrent. Il tomba sous les coups de l'armée suisse que Louis XI avait eu grand soin d'inciter au combat. On retrouva son corps deux jours après la bataille dévoré par les rapaces :
"Il gisait nu, face contre terre, la peau collée au sol par le gel, la tête fendue d'un coup de hallebarde, les cuisses traversées de coups de piques".

Louis s'empara alors de la Bourgogne et, par conséquent, de la Picardie et de l'Artois. Mais la fille de Charles, Marie, tenta de se défendre. Son père lui avait fait épouser le fils de l'empereur Maximilien. La répression fut alors terrible contre les insoumis du nord. Peut-être Louis XI espérait-il les Pays-Bas qu'il ne put obtenir. Mais au total il agrandit le royaume de France de la Bourgogne, de la Picardie, de l'Artois et de la Provence. Il faut ajouter à cela l'Anjou obtenu par héritage.

C'est alors que Louis tomba gravement malade. Il se retira dans son domaine de Plessis-les-Tours. Il pensait que la régence pourrait être le fait de sa fille aînée Anne de Beaujeu. Il avait eu un fils, le futur Charles VIII, et deux filles, Jeanne de France et Anne dont il disait : "la moins folle de France car de sage, il n'y en a point !"

La mort de Louis XI survenue en 1483 fut ressentie comme une libération par l'ensemble de ses sujets qui avaient eu à subir son autorité durant vingt-deux ans.

Page en regard :
Louis XI
J.L. LUGARDON (1801-1884)
D'après l'original provenant de la galerie Richelieu au Palais-Royal

« L'universelle aragne » doit davantage sa célébrité à ses fameuses cages qu'à son talent de souverain. Pourtant Louis XI fut un excellent souverain. Il sut mettre un terme définitif à la guerre de Cent ans. Grâce à ses alliances avec les Liégeois et les Suisses, il écrasa Charles le Téméraire, son turbulent ennemi. Extraordinairement méfiant, maître de l'intrigue, il passait pour « le roi le plus terrible qui fut jamais en France ».

Charles VIII

1470-*1483*-1498

Le futur Charles VIII était l'héritier unique que la France avait attendu dix-neuf ans. Il était chétif et enclin à la maladie. Par précaution, son père l'écarta et il grandit au château d'Amboise, où son éducation fut quelque peu sacrifiée. A l'âge de treize ans, lorsqu'il monta sur le trône, il ne savait encore ni lire ni écrire. Il avait presque atteint sa majorité et aurait pu gouverner, mais son père en avait décidé autrement et avait confié la régence à sa sœur aînée Anne de Beaujeu.

Après le règne de Louis XI, les grands du pays espéraient enfin pouvoir gouverner comme ils l'entendaient. Ils recherchaient une certaine souplesse et comptaient bien sur le relâchement de la monarchie pour réussir à satisfaire certaines de leurs exigences. Tout espoir était permis puisque la France était aux mains d'une jeune fille de vingt-trois ans et d'un roi de treize. Ce qu'ils n'avaient pas prévu, c'est qu'outre la régence, Anne avait également hérité de la fermeté et de l'autorité de son père. Elle s'imposa ainsi comme chef du conseil de Régence. Son principal ennemi qui lui disputait la régence était Louis d'Orléans, son beau-frère. Après quelques oppositions, elle résolut de le faire prisonnier. Et Anne montra ainsi à ceux qui n'étaient pas convaincus qu'elle était aussi déterminée que son jeune frère ne l'était pas.

Anne conclut le mariage de son frère avec la très convoitée Anne de Bretagne. Il était mentionné dans le contrat que si le mariage était stérile, Anne devait épouser le prochain roi. C'est effectivement ce qui se passa. Toute l'Europe fut scandalisée par ce rattachement de la Bretagne à la couronne de France. L'empereur Maximilien avait d'ailleurs fiancé sa fille à Charles VIII et s'était lui même fiancé à Anne de Bretagne.

Entre-temps Charles avait mûri, il avait appris à lire et il décida de libérer sa sœur de son gouvernement. Son premier acte fut de libérer Louis d'Orléans avec lequel il entretint d'excellentes relations.

Le fait le plus marquant de ce règne est l'expédition que le roi mena en Italie. Il est certain que le grand sens politique qui était l'apanage de son père et de sa sœur lui était étranger. En effet, craignant une coalition entre l'Empire, l'Angleterre et l'Espagne, il abandonna l'Artois à Maximilien, la Franche-Comté à Ferdinand et indemnisa le roi d'Angleterre. La France pouvait revendiquer certains droits sur le royaume de Naples. Charles VIII, quant à lui, espérait après la conquête de Naples, chasser les Turcs de Constantinople et rétablir l'Empire byzantin (dont il aurait été empereur?). Dans cette folle entreprise, il obtint le soutien du pape.

Il prépara donc son expédition du mieux qu'il put. Il réussit à former une armée mais ne trouva ni le financement ni les vivres. Il dut donc demander de l'aide à la duchesse de Savoie qui lui prêta ses diamants comme gage. Les soldats purent ainsi être nourris. Malgré tant d'extravagance, Charles réussit sans peine à traverser la péninsule. La conquête de Naples

Page en regard :
Charles VIII
Ecole Française, XVIᵉ siècle

Charles VIII monta sur le trône à l'âge de treize ans. La régence, selon les vœux de Louis XI, fut confiée à sa fille Anne de Beaujeu que le défunt roi jugeait « la moins folle femme du monde ». Anne eut à faire face à des coalitions de seigneurs rebelles, et parvint à gagner cette « Guerre Folle ». En 1491, Anne laissa le pouvoir à son frère. C'est cette même année qu'il épousa la Bretagne en la personne d'Anne, fille de François II. Le duché était tant convoité que Maximilien d'Autriche avait également prétendu à ce mariage. Mais Anne de Beaujeu réussit à éclipser l'empereur d'Autriche et la Bretagne passa ainsi à la France.

fut facile et Ferdinand II fut contraint de s'enfuir. Charles fit alors une entrée triomphale dans la ville nouvellement conquise. Mais cette domination française ne satisfit pas longtemps les Napolitains. Finalement, ses anciens alliés les Milanais, les Espagnols et le Saint-Siège constituèrent une coalition pour chasser l'étranger. Il fallut abandonner Naples. Au total, cette curieuse expédition se soldait sans aucun résultat. Si la conquête avait été facile, la retraite avait été encore plus expéditive.

De retour en France, Charles connut une vie de plaisirs. Anne lui avait donné trois fils qui étaient morts en bas âge. Il était à nouveau en train de préparer une expédition en Italie, lorsqu'il oublia de baisser la tête pour passer une porte. Il mourut victime de cette étourderie à l'âge de vingt-huit ans. La France n'avait pas d'héritier.

Ci-contre :
Isabelle d'Aragon implorant
Charles VIII
Giovanni BILIVERT (1576-1644)

Isabelle de Castille épousa
Ferdinand d'Aragon en 1469. Le
pape baptisa le couple «les Rois
Catholiques» mais leur foi austère
les conduisit à fonder l'Inquisition.
Louis XI, par le jeu de ses intrigues,
avait permis au roi du Portugal de
s'emparer de l'Aragon. Ferdinand
d'Aragon parvint à le récupérer
mais la France et l'Espagne n'étaient
pas réconciliées pour autant.

Pages suivantes :
L'entrée de Charles VIII à
Naples
Eloi-Firmin FERON (1802-1876)
Salon de 1837

Certes, Charles VIII qui
revendiquait les droits de la maison
d'Anjou sur le royaume de Naples
fit une entrée triomphale à Naples.
Mais son triomphe fut de très courte
durée et ses visées transalpines ne
firent de lui que le triste instigateur
des guerres d'Italie.

Louis XII

1462-*1498*-1515

Louis XII est le fils de Charles d'Orléans, le poète de la famille royale, et de Marie de Clèves. Louis XI l'a obligé à épouser sa fille Jeanne de France. Sachant sa fille stérile, il était alors certain que cet encombrant cousin serait privé de descendance. Louis XI avait une telle autorité que le jeune prince fut contraint d'accepter cette offre qui ressemblait en fait à un ordre. A la mort de Louis XI, sa fille Anne de Beaujeu, qui assura la régence veilla à ce que cette union ne fût pas dissoute. Elle ressemblait en tout point à son père et poursuivit son œuvre avec la même fermeté. Elle réussit ainsi à tenir le jeune Louis écarté de la régence sur laquelle il avait quelque vue.

Les relations du jeune Orléans avec le roi Charles VIII s'améliorèrent cependant. Mais le duc avait de solides ennemis qui lui reprochaient de ranimer le courant autonomiste de Normandie et il dut se tenir à l'écart. De fait, il était sous la menace d'une sanction royale lorsqu'il apprit que le roi de France avait été victime… d'un linteau de porte. Il était alors le principal prétendant au trône.

Descendant de Charles V, Louis d'Orléans était effectivement le plus proche descendant direct. A cause de la disgrâce qu'il avait connu, il était dans une situation difficile et craignait une succession contestée. Depuis Hugues Capet, une seule fois le royaume s'était retrouvé à cours d'héritier direct et les choses n'avaient pas été simples. Or en 1498, tout se passa pour le mieux. Il faut dire que les mentalités étaient autres et que nul étranger à la famille capétienne n'aurait songé à revendiquer cette couronne.

Quelle était la personnalité du nouveau souverain ? Un épisode de sa vie, resté célèbre, nous aide à cerner les qualités de Louis XII. Lors de sa disgrâce, le duc d'Orléans n'avait pas été soutenu par les bourgeois d'Orléans et ceux-ci craignaient quelque représaille de la part de leur prince devenu roi. En véritable homme d'Etat Louis XII leur répondit "qu'il ne serait pas décent à un roi de France de venger les injures d'un duc d'Orléans" !

Les premières mesures qui furent prises seraient aujourd'hui qualifiées de démagogiques. Durant toute la première moitié du règne, c'est la crainte de voir son hérédité contestée qui dicta la politique du roi. Ainsi, la taille fut réduite. La seconde préoccupation du roi concernait sa progéniture. Car il risquait de se poser un problème de succession similaire puisque Louis XII ne pouvait avoir d'héritier. Il prit donc la précaution, qui ne lui déplaisait pas, de répudier Jeanne de France. La chose était facile puisque le mariage était considéré comme non consommé. Pourtant, la reine, d'un dévouement admirable, était très populaire. Elle fut d'ailleurs béatifiée. Le 17 décembre 1499, le mariage était annulé. En dédommagement, Jeanne reçut le duché de Berry.

Curieuse personnalité donc, que celle de ce roi qui à peine monté sur le trône, et ce par voie de cousinage se paie le luxe de répudier sa royale épouse. Il remplaça Jeanne par une autre reine, Anne de Bretagne, la veuve de son prédécesseur. Le contrat de Anne et de Charles VIII prévoyait ce remariage. La Bretagne restait ainsi dans le domaine royal. Si le contrat prévoyait une telle union, les cœurs ne s'y opposèrent pas, Louis avait trente-six ans, Anne n'en avait que vingt-trois.

Les principales mesures intérieures de ce règne concernent la justice. Les juges devaient désormais se soumettre à une sorte d'examen. La justice ne pouvait plus être rendue par les baillis. Des parlements furent créés à Rouen et à Aix. Ce règne s'avéra positif pour la politique intérieure.

Louis XII ne rencontra pas la même fortune en politique extérieure. En 1499, il prenait Milan et sa région qui lui revenaient par sa grand-mère Valentine Visconti. Avant de poursuivre son expédition, il s'assura de la neutralité des autres pays d'Europe. Le roi de France espérait bien reprendre Naples. Pour cela il se fit un moment l'allié de Ferdinand d'Aragon. Mais l'alliance ne dura pas, et malgré le courage de Bayard, le conflit tourna à l'avantage de l'Espagne.

A son retour d'Italie, le roi tomba gravement malade et l'on craignit pour ses jours. Anne qui croyait être à nouveau veuve assura ses arrières. Elle avait la fierté de sa province qui avait longtemps su défendre son indépendance. Anne organisa les fiançailles de sa fille Claude avec Charles de Habsbourg, le futur Charles Quint. La Bretagne était la dot de la princesse. Mais cette tentative d'épousailles diplomatiques n'aboutit pas et finalement Claude fut promise à un lointain cousin, François d'Angoulême, qui sera lui aussi appelé sur le trône de France.

Louis XII, guéri, avait vu le danger du projet de mariage envisagé par sa femme. La France se serait alors totalement trouvée encerclée, puisque Charles de Habsbourg aurait eu sur la tête les couronnes d'Espagne, des Etats allemands et de la Bretagne. Pour rompre les fiançailles, il fallut convoquer les états généraux. C'est à cette réunion qu'un élu parisien déclara : "Pour avoir réprimé la licence des gens de guerre, en sorte qu'il n'y eut plus de si hardi que de rien prendre sans payer, pour avoir abandonné à son peuple le quart des tailles, pour avoir réformé la justice, appointé partout de bons juges pour toutes ces causes, le souverain devait être appelé le roi Louis le douzième, père du peuple".

Ce surnom, parfaitement porté, était tout à fait à l'image de ce roi dont la popularité ne fut nullement entravée par les défaites, car les conflits qui se déroulent à l'extérieur sont beaucoup mieux supportés. Louis XII vivait comme un prince plus que comme un roi. Il n'avait ni le goût du faste dont fera preuve son successeur, ni l'austérité de ses prédécesseurs. On le disait avare, il était économe. Il sut, à Blois où il vivait, s'ouvrir aux nouveautés italiennes. Il vécut en homme de son temps. Le fait qu'il ait été élevé à une cour qui n'était pas royale explique peut-être ce comportement de simplicité. Louis XII a donc laissé une image fort sympathique de son vivant mais également de manière posthume.

La fin du règne est marquée par une nouvelle campagne en Italie. Le pape Jules II revendiquait alors l'ensemble des états d'Italie et en particulier le Milanais. Il chassa donc les Français qui n'étaient qu'étrangers sur cette terre.

Devenu veuf sans avoir eu de fils, Louis XII épousa la sœur du roi d'Angleterre qui n'avait que seize ans. Pour honorer cette nouvelle union, il se livra à quelques excès qui lui furent fatals. Il s'éteignit en 1515 laissant un royaume de France en parfaite santé.

LA B·H·JEANNE·DE·VALLOIS·FILLE·DE·LOVYS·XI·SOEVR·DE·CHARLE·VIII·FEMME
DE·LOVYS·12·ROYS·DE·FRANCE·FONDATRICE·DE·L·ORDRE·DES·ANNONCIADDE

Ci-contre, gauche :
Sainte Jeanne de France portant
l'habit de l'Annonciade
Ecole Française, XVIIe siècle

L'astucieux Louis XI, sachant sa fille
stérile, lui fit épouser le turbulent
Louis d'Orléans. L'autorité du
souverain était telle que Louis ne
pouvait qu'accepter. Mais lorsqu'il
accéda au trône, Louis XII réussit à
faire casser son mariage avec Jeanne
de France pour épouser la veuve de
Charles VIII, Anne de Bretagne.
Jeanne se retira alors à Bourges où
elle fonda l'ordre de l'Annonciade
en 1501. Elle mourut quatre ans
après.

Ci-contre, droite :
Le sacre de Louis XII
Peinture sur bois
Ecole Française, XVIe siècle

Louis XII dut son accession au trône
à la mort prématurée de
Charles VIII. Ce fils de Charles
d'Orléans, le grand vaincu
d'Azincourt (1415) qui se consacra à
la poésie après vingt-cinq ans de
captivité, avait peu de chance
d'accéder au trône. La mort de
Charles VIII lui en ouvrit soudain
les portes. Il se fit sacrer dans la
cathédrale de Reims. Il n'eut pas de
fils et c'est pour cette raison que son
royaume parvint à François
d'Angoulême.

François Ier

1494-*1515*-1547

Pour chacun d'entre nous, François Ier est le prince de la Renaissance, "le père des arts et des lettres" comme on le surnomma au cours de ce XVIe siècle dont il fut le premier et le plus grand mécène. On ne peut évoquer ce roi sans que l'image de Chambord ou de Fontainebleau ne nous vienne à l'esprit.

Mais une autre image de ce règne a frappé les imaginations. Il s'agit de la fameuse bataille (et victoire) de Marignan. Pourtant, avant d'être celle de Marignan, 1515 est l'année du sacre. François n'est pas le fils du roi auquel il succède. Louis XII et Anne de Bretagne n'eurent qu'une fille, Claude de France qui lui fut promise après les états généraux qui déclarèrent rompues les fiançailles entre Claude de France et Charles de Habsbourg, le futur Charles Quint. Ces noces arrangées firent parfaitement l'affaire de François d'Angoulême, prétendant au trône. Qui était-il? Le défunt roi était son cousin. François était le fils de Louise de Savoie et de Charles de Valois, cousin germain de Louis XII. De ce fait, il épousa sa cousine au deuxième degré, c'est-à-dire que les mariés avaient en commun un arrière-grand-père, Louis, duc d'Orléans et frère de Charles VI.

Ces liens familiaux ne sont pas simples, mais ils permettent d'expliquer comment ce prince d'Angoulême fut appelé à régner sur la couronne de France alors qu'il était dans sa vingt et unième année. Il eut la chance de recevoir une éducation extrêmement soignée, du fait de la personnalité des deux femmes qui l'entouraient : sa mère Louise, et sa sœur, Marguerite, qui mariée à Henri d'Albret, eut comme petit-fils Henri IV.

Le jeune prince connut ainsi une enfance si radieuse et raffinée que l'on a pu dire de lui qu'il avait été un enfant gâté. Ce privilège explique pour une large part le goût du faste et du prestige qui a agrémenté l'ensemble du règne. François Ie garda toujours un grand sens de l'apparat qui lui servira d'ailleurs politiquement par la suite. Comme Saint Louis et plus tard Louis XIV, il mena cette politique de prestige, autant par goût que par intérêt.

A la mort de Louis XII, le royaume de France est grandement convoité par ses voisins puisque l'Angleterre regarde vers Tournai et Calais, que l'empereur Maximilien espère s'emparer de la Flandre et que Ferdinand d'Aragon a quelques vues sur la Navarre. François doit donc se montrer particulièrement vigilant. Comme Louis XII (et comme sa femme), il est un descendant de Valentine Visconti, et à ce titre, il revendique le Milanais. Avant d'entreprendre toute expédition militaire, le jeune roi juge plus prudent de négocier une entente avec le roi d'Angleterre qui fait suite à l'accord passé par Louis XII. Des projets de mariage le protègent provisoirement de menaces impériales. Mais il ne réussit pas à mettre sur pied une entente avec les Suisses qui sont chargés de surveiller l'accès du Milanais. Il se décide néanmoins à franchir les Alpes.

Ce fut alors le succès fulgurant de la bataille de Marignan. Les hostilités durèrent deux jours. A quoi est due la célébrité de cette bataille ? Tout d'abord la présence du chevalier "sans peur et sans reproche" a pleinement contribué à assurer sa notoriété. C'est l'exemple même d'une bataille dont le déroulement a frisé la perfection. Enfin, le roi (resté une journée entière sur son cheval) était au centre des opérations. Voilà qui marquait très dignement la première année du règne. On peut dire que François Ier revint couvert de gloire, non seulement pour ses sujets, mais qu'il impressionna également les autres souverains.

François Ier profita de cette campagne en Italie pour signer avec le pape Léon X un concordat qui réglait définitivement les litiges quant à la nomination des évêques. Si le concordat fut rapidement signé, il fut beaucoup plus difficile à appliquer et le Parlement ne l'enregistra que sous la contrainte. La nomination aux évêchés était désormais proposée par le souverain et sanctifiée par le souverain pontife. Il est à remarquer que François Ier mariera l'un de ses fils à la nièce de Léon X qui était un Médicis.

On connaît surtout la politique extérieure de François qui est marquée par une longue suite de conflits difficiles avec l'Empire, mais aussi par l'avènement d'une véritable diplomatie. Toute sa vie, François Ier eut à faire face aux redoutables ambitions de son voisin Charles Quint. La première occasion de rivalité fut la question relative à l'élection de l'Empire. En 1519 mourait Maximilien d'Autriche et l'Empire se retrouvait sans empereur. D'un côté, Charles était roi d'Espagne puisque sa mère Jeanne la Folle était la fille de Ferdinand d'Aragon et d'Isabelle de Castille. Son père, Philippe le Beau était le fils de Marie de Bourgogne (seule héritière du Téméraire) et de Maximilien de Habsbourg. Il revendiquait donc ce trône vacant. Mais cette élection mettait le roi de France dans une position plus qu'inconfortable ; il se trouvait alors complètement cerné. Pour faire face, il fallait proposer un autre candidat et François se résolut à se présenter lui-même. Mais ses chances étaient minces. Il n'avait pour lui que Marignan. Henri VIII, roi d'Angleterre, se porta également candidat (peu de temps d'ailleurs), mais pour une autre raison. Il tentait ainsi de sortir de l'isolement auquel l'avait contraint la guerre des Deux Roses.

Charles Quint fut élu. La guerre était donc déclarée et le règne fut rythmé par des événements divers donnant l'avantage à l'un ou l'autre, et plus ou moins arbitrés par le roi d'Angleterre.

Chacun chercha à sa manière l'appui ou la neutralité de l'Angleterre. François Ier reçut magnifiquement Henri VIII au "Camp du drap d'or". Le roi de France présenta pour la circonstance un tel étalage de richesses que le Tudor ne pouvait être que séduit et choisir le côté français. On n'est pas certain que cette stratégie ait fonctionné, et peut-être les fastes de François Ier vexèrent-ils l'Anglais. Charles Quint rencontra également Henri VIII mais l'entrevue se déroula avec beaucoup plus de simplicité. L'Europe était alors aux mains de trois grands souverains qui se faisaient la guerre tout en s'estimant réciproquement.

Si Marignan fut une brillante introduction, cette bataille était loin de régler tous les conflits territoriaux qui opposaient François Ier et Charles Quint. A partir de 1522, le ton se durcit. Ecoutons Michelet : "Ni la France, ni l'Espagne ne pouvaient céder bénévolement la Navarre. La Navarre était double. Double de même était la Flandre, regardant la France et l'Empire, double la question de Milan, double la question de la Bourgogne".

L'Escaut, les Pyrénées et les Alpes se retrouvèrent ainsi zone de front. Est-ce la blessure de Bayard qui démoralisa les troupes ?

Après la victoire de Marignan, ce fut le désastre de Pavie (1525). Le roi de France fut fait prisonnier. Louise de Savoie, sa mère, assura une sorte de régence. François Ier eut alors l'idée de négocier avec Henri VIII. Celui-ci préférant préserver un équilibre et sentant le danger d'une trop grande puissance de l'Empereur ne refusa pas (contre subsides) son soutien au roi de France. Mais pour être libéré, François Ier devait accorder la Bourgogne à son ennemi, ce à quoi il ne pouvait se résoudre. Il pensa alors à abdiquer mais son entourage l'en dissuada. Alors il céda, mais prit ses précautions par la déclaration suivante : "Considérant qu'une plus longue détention deviendrait nuisible au Royaume, à cause de la minorité du dauphin, et des divisions qui pourraient survenir, je déclare d'avance que si, par menace d'une détention plus longue, je suis obligé d'abandonner la Bourgogne, cet abandon sera de nul effet". L'accord fut conclu et les enfants de France envoyés comme prisonniers en attendant que les affaires se règlent. Mais après avoir quitté Madrid, François Ier fit déclarer la Bourgogne inaliénable. Et la guerre reprit. Cette fois, le roi de France fit jouer son alliance avec Soliman le Magnifique et une nouvelle paix connue sous le nom de Paix des Dames fut signée à Cambrai. Les enfants de France furent alors libérés. La France céda le Milanais et Charles Quint renonça à la Bourgogne.

Dans la dernière partie qui opposa le roi de France à l'empereur intervinrent des forces nouvelles. François Ier s'allia aux musulmans sans que cet accord n'indispose le Saint-Siège. Il s'entendit également avec les protestants allemands afin de troubler la tranquillité intérieure de l'Empire. De fait, Charles Quint eut à tenir compte de ces alliances surprenantes mais savamment orchestrées par le souverain français. Une paix honorable signée en 1544 à Crépy mit définitivement un terme à ce conflit qui n'avait que trop duré. La paix de Crépy donnait le Milanais au fils de François Ier, le duc d'Orléans. Mais sa mort prématurée laissa l'épineuse question italienne une nouvelle fois en suspens.

Pour réprimer la révolte des Gantois, Charles Quint fut dans l'obligation de traverser la France. Il demanda donc l'hospitalité à son ennemi. Celui-ci le reçut avec tous les égards dus à son rang. Pendant ce règne marqué par les guerres, il y eut toutefois la découverte du Canada par Jacques Cartier, ou l'édit de Villers-Cotterêts, qui compta beaucoup plus pour l'histoire de la France que la bataille de Marignan. Cette ordonnance institua l'état-civil et imposa la rédaction des actes notariés et judiciaires en langue française et non plus en latin. Enfin, on ne soulignera jamais assez le rôle de François Ier dans les arts, rôle magnifiquement symbolisé par la venue en France de Léonard de Vinci.

Autant la jeunesse fut radieuse et les premières années du règne glorieuses, autant la fin de la vie de François Ier fut morose. Le roi semblait enclin à une grande nostalgie. Il n'avait plus de plaisir à rien. Il fut grandement affecté par la mort de deux de ses fils. A sa mort, survenue en 1547, il restait le prince Henri, marié à Catherine de Médicis, cette Italienne qui s'entendait mieux avec son défunt beau-père qu'avec son mari.

Page en regard :
François Ier
Jean CLOUET (1475-1541)

Ce portrait pourrait à lui seul symboliser la Renaissance. Et le rôle de François Ier en prince de la Renaissance rivalise peut-être avec celui du roi de France. Il sut ne pas tenir rancune à l'Italie du désastre de Pavie (1525) où il fut fait prisonnier et, revenu en France, il ouvrit les portes de sa cour à la Renaissance Italienne. Son goût pour les lettres et les arts s'accordait à merveille avec les splendeurs transalpines. Il réussit à faire venir en France Léonard de Vinci, Cellini, le Primatice... On lui doit entre autres la fondation du Collège de France et de l'Imprimerie Nationale. Et, bien sûr, avant tout Chambord.

Ci-dessus :
Fondation du Collège Royal
P.C. François DELORME (1783-1859)

En 1529, François Ier inaugura le Collège Royal créé à la demande de l'humaniste Guillaume Budé, féru de langues anciennes. C'est pour cela que ce collège fut également appelé collège des trois langues (latin- grec- hébreu). A l'époque où Budé introduisait l'étude du grec en France, Erasme l'enseignait à Cambridge. Avec son immense soif de culture, la Renaissance cherchait ses bases dans les textes profanes, latins et grecs, et les textes sacrés, hébreux.
Ce collège allait devenir le Collège de France, l'une des institutions mondiales les plus réputées.

Pages 96/97 :
L'entrevue du Camp du drap d'or
Auguste DEBAY (1804-1865)

Pour essayer de limiter les ambitions de Charles Quint, l'Angleterre et la France envisagèrent de se rapprocher. Et c'est ainsi qu'en 1520, Henri VIII vint en France où François Ier l'accueillit dans le Pas-de-Calais. Mais le désir de chacun de marquer le pas sur l'autre était tel que cette entrevue ne fut en fait qu'une somptueuse parade. François Ier déploya un tel faste qu'il vexa l'Anglais et les susceptibilités des souverains empêchèrent une alliance qui aurait peut-être changé le cours de l'Histoire.

Page en regard :
François Ier à cheval
Jean CLOUET (≃ 1475-1541)

Cette peinture d'époque présente intentionnellement François Ier à cheval. Avant de connaître les fastes de Fontainebleau, François Ier eut à guerroyer durement. Il inaugura très brillamment la première année de son règne par la victoire de Marignan. Il avait vingt et un ans. Mais ce succès allait entraîner de nombreuses autres batailles dont certaines beaucoup moins glorieuses. Les possessions de Charles Quint encerclaient la France.

Henri II

1519-*1547*-1559

Henri II fut sacré en 1547. Il était déjà marié à Catherine de Médicis depuis quatorze ans. Celle-ci était très proche de son beau-père qui l'aida à s'introduire à la cour française, alors que le cœur de son royal époux appartenait déjà et pour toujours à la belle Diane de Poitiers. Néanmoins, Catherine voua toujours un tendre amour à Henri, qui, malgré ses infidélités lui fit dix enfants.

Henri II et Diane de Poitiers ont filé pendant toute la durée du règne un si parfait amour que leur couple est entré dans la légende. A l'origine de cette idylle, il s'agissait pour François Ier d'initier son fils aux plaisirs. François chargea alors sa maîtresse du moment, Diane de Poitiers, de s'acquitter de l'affaire. Les deux amants ne devaient plus se quitter !

L'opinion que la postérité garde de Henri II est double. Selon les sources, on peut le juger soit comme un prince influençable qui, loin d'avoir le tempérament de son père, se laissait guider par son entourage, soit comme un prince discret qui sut définitivement sortir la France du Moyen Age et fit preuve d'une grande fermeté, par exemple vis-à-vis de Charles Quint ou des protestants. Ainsi, d'après Baucaire, Henri n'avait pas hérité de la puissante personnalité de son père, il était né pour être gouverné et non pour gouverner. Ce jugement sévère faisait allusion aux proches du roi qui l'aidaient à gouverner. Parmi eux, citons le Connétable de Montmorency, la famille des Guise, sans oublier Diane de Poitiers elle-même dont le gouvernement dépassa largement le simple cœur du souverain.

Il existe heureusement une image beaucoup plus flatteuse de Henri II, et il serait injuste de ne retenir de lui que sa liaison avec Diane. Gouverné ou pas, le roi de France sut parfaitement s'acquitter des difficultés qu'il rencontra et son époque fut marquée par quelques grands événements dont la portée a largement dépassé son seul règne.

Une première expédition armée eut pour cadre l'Ecosse. Cette verte contrée était alors aux mains de la petite Marie Stuart qui n'était qu'une enfant. La régence était mal assurée par la veuve de Jacques V, sœur du cardinal et du duc de Guise, qui avait à faire face à un soulèvement des protestants soutenus par les Anglais. La France intervint donc contre l'Angleterre et calma les esprits pour quelque temps. Par sécurité, Marie Stuart fut ramenée en France (elle épousera un fils de Henri II et deviendra reine de France) et cette intervention permit de négocier à bon compte le rachat de Boulogne aux Anglais.

La guerre contre Charles Quint qui avait tant préoccupé François Ier reprit de plus belle. Henri II n'était pas disposé à se laisser impressionner par l'Empereur, comme il le montra dès son intronisation. Il exigea la présence de Charles à son sacre, comme son titre de Comte de Flandre l'y obligeait. Le roi de France montrait ainsi qu'il considérait son ennemi comme l'un de ses vassaux. La provocation était un peu grosse, mais significative. Henri faisait de ce conflit une affaire personnelle, car il gardait en mémoire la captivité de quatre ans que l'Espagnol lui avait infligée alors qu'il n'était qu'un enfant.

Comme son père, et plus que lui, Henri s'entendit avec les princes protestants d'Allemagne. Quelques subsides devaient contribuer à détériorer la situation à l'intérieur de l'Empire. Cet arrangement lui permit en toute quiétude d'engager les hostilités et d'enlever les trois évêchés de Metz, Toul et Verdun. Charles Quint arriva à Metz mais un peu tard ; il ne put relever ce nouveau défi du roi de France. Une trêve de dix ans fut alors signée.

Peu après, on apprenait l'abdication de Charles Quint. Son fils avait épousé l'Angleterre en la personne de la jeune Marie Tudor. Charles Quint renonçait à dominer le monde, ambition qui, si elle l'avait motivé dans la première partie de sa vie, lui paraissait désormais appartenir davantage à la fiction qu'à la réalité. Charles laissa l'Empire à son frère Ferdinand et se retira dans un monastère.

La situation avec l'Espagne ne se trouvait pas pacifiée par cette abdication. Le pape Paul IV invita le roi de France à venir chasser les étrangers d'Italie, qui était alors sous la domination des Espagnols. Henri II hésitait. Son entourage était partagé. Montmorency, son fidèle conseiller, presque octogénaire, il est vrai, refusait une intervention armée, alors que l'impétueux duc de Guise était prêt à partir. Mais, rapidement, le conflit s'amplifia et se déplaça car Philippe II d'Espagne était allié à l'Angleterre. Guise, d'Italie, fut appelé dans les contrées plus septentrionales et reprit Calais après la défaite de Montmorency à Saint-Quentin. Quelques autres victoires sur les Espagnols donnèrent l'avantage à la France et la paix cette fois réellement définitive fut signée à Cateau-Cambrésis en 1559. Ce traité stipulait qu'outre Metz, Toul et Verdun, la France conservait Calais alors que le Milanais revenait aux Espagnols. Ainsi s'achevaient quarante ans de conflit avec l'Espagne. La France s'en sortait de manière très honorable. Cette paix était, de plus, scellée par le mariage de Philippe II, roi d'Espagne, et d'Elisabeth, fille de Henri II et de Catherine de Médicis.

La lutte contre les protestants représente l'autre grand problème de la seconde partie du XVIe siècle. Si Henri II avait su s'allier aux réformés allemands pour lutter contre Charles Quint, en revanche, il se montra intraitable pour les réformés français. La situation évoluait rapidement et un bon tiers des Français était désormais adepte du protestantisme. Le phénomène touchait toutes les classes de la société et de grands personnages tels qu'Antoine de Bourbon et Jeanne d'Albret, sa femme, étaient protestants.

Ainsi les guerres de Religion étaient sous-jacentes sous le règne de Henri II. Si la guerre civile n'éclata pas, ce fut grâce à l'autorité du roi de France qui fit preuve d'une grande fermeté.

C'est alors que pour célébrer les doubles noces de sa fille Elisabeth avec Philippe II et de sa sœur avec le duc de Savoie, Henri organisa au château des Tournelles (actuellement place des Vosges) un tournoi dont il était grand amateur. Il était opposé à Montgomery qui cassa sa lance et atteignit le roi à l'œil. Le cerveau était atteint et après dix jours d'agonie, Henri II succombait des suites de sa blessure à l'âge de quarante ans.

Ci-contre :
Diane de Poitiers
Ecole Française, XVIᵉ siècle

Francois Iᵉʳ poussa dans les bras de son fils qu'il jugeait timide l'une de ses propres maitresses, Diane de Poitiers. Elle avait dix-neuf ans de plus que le futur Henri II. Leur liaison allait être l'une des plus célèbres de l'histoire de France. La veuve du seigneur de Brézé devait jouer un rôle politique non négligeable, notamment dans son refus du calvinisme.

François II

1544-*1559*-1560

Le règne de François II est l'un des plus courts de l'histoire des rois de France. Après la mort accidentelle de Henri II, son fils aîné le dauphin François fut appelé à monter sur le trône. Dès sa naissance, François s'était montré d'une santé extrêmement fragile. Il souffrait de maux de tête. A l'âge de six ans, le dauphin fut marié à la petite reine d'Ecosse Marie Stuart qui n'avait que cinq ans. Marie était la nièce des Guise et Henri II avait préféré la ramener à la cour de France car la situation était plus que troublée en Ecosse.

La jeunesse du roi et la fréquence de ses maux de tête firent qu'une sorte de régence se mit en place. Catherine de Médicis restée discrète durant le règne de Henri II montra sa vraie nature sous le règne de ses trois fils. Elle commença par renvoyer Diane de Poitiers. La reine avait à faire jouer la double influence de Condé, rallié aux protestants, et de la famille des Guise, catholiques intransigeants, qui commençaient à prendre une place prépondérante dans le gouvernement, d'autant que leur nièce était reine de France. La situation intérieure était déja difficile sous le règne de Henri II et la guerre civile avait été évitée de justesse. L'événement le plus marquant du règne de François II est le complot d'Amboise. Ce complot était plus ou moins à l'instigation de Condé. Il était organisé par un fervent protestant du nom de La Renaudie. Il s'agissait de débarrasser la cour de France de la mauvaise influence qu'avait sur elle le duc de Guise. Il aurait suffi ensuite d'entourer le roi de sa seule vraie famille, les Bourbons.

La répression du complot fut surtout une victoire pour la famille des Guise, ce qui ne faisait pas l'affaire de Catherine de Médicis. Il fallait, pour la reine, contrebalancer ce pouvoir grandissant qui finirait un jour par menacer la royauté elle-même. Dans cette optique et pour calmer les esprits, Catherine nomma alors comme chancelier un magistrat humaniste, Michel de l'Hospital qui, durant huit ans, tentera de réconcilier les deux parties de la France en faisant preuve d'une grande tolérance vis-à-vis des réformés.

Il fut alors décidé de réunir les états généraux. Condé était bien venu proclamer son innocence mais de dangereuses menaces pesaient sur lui. La situation était identique pour Antoine de Bourbon, roi de Navarre. Venir à ces états généraux représentait un danger et s'abstenir était se montrer opposé au roi. De fait, François fit arrêter Condé. Bourbon fut épargné, parce qu'il était moins compromis et, surtout, il fallait toujours préserver un contre-pouvoir pour faire face aux Guise. Condé souhaitait être jugé par les Pairs de France. De fait, ce prince fut sauvé de l'échafaud par la mort du roi.

Lorsque le jeune François II mourut d'une méningite, l'agitation était telle que les funérailles furent rondement menées et que le défunt entra promptement dans Saint-Denis. Cette mort ouvrait la porte à la régence de Catherine, Charles IX n'avait que dix ans. Quant à la belle Marie Stuart, elle fut dans l'obligation de regagner son Ecosse natale. Elle n'était alors qu'au début d'une suite d'événements plus dramatiques les uns que les autres.

Charles IX

1550-*1560*-1574

Charles IX est le deuxième fils de Henri II et de Catherine de Médicis. En 1560, il succède à son frère François II qui n'a pas régné deux ans. Mais il doit compter avec sa mère qui réussit à obtenir la régence.

Cette régence pouvait aller à Antoine de Bourbon, roi de Navarre, mais le précédent de Blanche de Castille pouvait également donner la régence à la reine. Cette tête politique obtint gain de cause et Antoine de Bourbon fut nommé lieutenant-général du royaume.

Les états généraux se poursuivirent après le décès de François II et une ordonnance signée le 31 janvier 1561 visait à suspendre les persécutions. Catherine de Médicis et Michel de l'Hospital organisèrent alors le "colloque de Poissy" qui devait réunir les théologiens des deux confessions. On cherchait une solution pacifique. Ce colloque ne put malheureusement prendre valeur de concile national. En 1562, un édit confirmait la grâce de Condé, compromis dans le complot d'Amboise et autorisait les réformés à la célébration de leur culte. Le pouvoir royal faisait ainsi preuve d'une réelle volonté de conciliation.

Cependant, cette tolérance était très mal acceptée par les Guise qui pensèrent que la reine et son chancelier étaient allés trop loin. Ils réagirent par le massacre de Wassy, favorisant ainsi l'escalade de la violence. Le conflit quitta nos frontières puisque les protestants se firent désormais aider par Elisabeth Ire, et les catholiques par Philippe II d'Espagne.

Entre-temps, Charles IX avait atteint sa majorité. Il entreprit alors en compagnie de sa mère et de Henri de Navarre, fils d'Antoine de Bourbon, un tour de France qui se termina à Bayonne par une entrevue avec le duc d'Albe et les envoyés du roi d'Espagne. Ceux-ci réussirent à convaincre le roi de France de se rallier définitivement à la cause des Espagnols, c'est-à-dire de ne faire aucune concession dans la lutte contre le protestantisme. La guerre civile battait son plein. Condé et Coligny avaient été tués par le duc de Guise qui se fit lui-même assassiner par un fanatique. Antoine de Bourbon fut également tué. Jusqu'à présent, le conflit se déroulait un peu en dehors de l'Etat et plutôt entre les grands seigneurs de confessions différentes.

Dépassé par les événements, Michel de l'Hospital prit sa retraite. Il représentait pourtant le seul conciliateur possible. En 1570 était signée la paix de Saint-Germain, tellement bancale qu'on la surnomma "la paix boiteuse et mal assise", par allusion aux représentants de la Couronne, Biron et de Mesmes, car l'un était boiteux et l'autre seigneur de Malassise. Ce traité fut considéré comme un piège pour les calvinistes dont on préparait le massacre. La décision du conflit ouvert était prise. Cette fois, elle venait de l'Etat.

Mais auparavant il convient de signaler une mesure importante pour notre histoire, prise dans les premières années du règne : la signature par le roi d'un édit qui faisait commencer l'année civile le premier janvier et non plus à Pâques. A partir donc de 1564, le nouvel an fut fêté en hiver et non plus au printemps.

Après la paix de Saint-Germain, les Guise relevèrent la tête et tentèrent de venger leur père. Catherine qui préférait massacrer les protestants plutôt que de perdre le pouvoir envisagea avec les Guise de décapiter définitivement le mouvement protestant. Le roi n'était pas convaincu. Il est certain que Charles IX se montra beaucoup plus tolérant que son entourage. Il espérait sincèrement réconcilier les deux parties. La preuve en est qu'il maria son ami Henri de Navarre (futur Henri IV) à sa sœur Marguerite. D'autre part, il fit venir à la cour Coligny qui lui conseilla de se libérer de l'influence de sa mère. La chose était plus facile à dire qu'à faire.

Catherine de Médicis, inquiète de l'ascendant que prenait Coligny sur le roi, puisqu'il envisageait même une guerre avec l'Espagne, préféra s'allier aux Guise et tenta de faire assassiner Coligny. Cette tentative manquée déclencha le massacre de la Saint-Barthélemy que commanda Henri de Guise et auquel, il faut bien dire, le roi finit par se rallier.

Charles IX que l'on a dit fantasque et hésitant dans ses décisions mesurait en fait toute la complexité de la situation à laquelle il était confronté. Il oscilla ainsi toujours entre l'adhésion au machiavélisme de sa mère, la tête pensante du royaume, sa propre volonté de tolérance à l'égard des protestants et sa crainte des chefs catholiques, dans le but évident de satisfaire tout le monde. Il hésita donc longtemps avant d'agréer cette répression qui devait porter un coup fatal aux réformés. Sa sœur, Marguerite, nous fait d'ailleurs part de ces hésitations. "Le roi Charles IX qui était très prudent et qui avait été toujours très obéissant à la reine ma mère et prince très catholique,... prit soudain la résolution de se joindre à la reine sa mère ... Et lors, allant trouver la reine sa mère, envoya quérir M. de Guise et tous les autres princes et capitaines catholiques où fut prise la résolution de faire la nuit même le massacre de la Saint-Barthélemy. En mettant soudain la main à l'œuvre, toutes les chaînes tendues, le tocsin sonnant, chacun courut sus en son quartier, selon l'ordre donné, tant à l'amiral qu'à tous les huguenots."

La nuit du 24 août 1572 le massacre fut effroyable. Le roi tomba malade et mourut deux ans plus tard. Selon le procès-verbal que signa Ambroise Paré, le roi était phtisique. Mais on a également parlé de poison, tant les intrigues allaient bon train à la cour.

Marié à la fille de l'Empereur d'Autriche Elisabeth, Charles IX qui succomba à l'âge de vingt-quatre ans n'eut pas le temps d'avoir d'enfant. Sa maîtresse, la discrète et mystérieuse Marie Touchet, eut, elle, un fils, Charles d'Angoulême, resté célèbre pour sa turbulence et ses ambitions. Il était le protégé de Diane de France, la fille que Henri II avait eu avec Diane de Poitiers et qui était par conséquent la demi-sœur de son père.

Page 106:
Charles IX
Ecole Française, XVIᵉ siècle
d'après un dessin de Clouet

Charles IX devint roi à l'âge de dix ans. Sa mère, Catherine de Médicis, exerça alors la régence et son influence marqua, en fait, tout le règne. Et bien qu'il fût enclin à la conciliation avec les huguenots, il dut céder aux catholiques exaspérés par des années de lutte.

Page 107:
Casque de Charles IX
Art français, XVIᵉ siècle

Ce superbe casque morion de Charles IX révèle de très nombreuses scènes de bataille et il est vrai que ce roi qui régna treize ans connut peu de paix. Les guerres de Religion faisaient rage et l'influence de Coligny attisait le mécontentement des catholiques.

Henri III

1551-*1574*-1589

Henri III est le troisième fils de Henri II et de Catherine de Médicis. Un curieux destin l'amena à siéger sur le trône de Pologne puis sur le trône de France.

On a dit de lui qu'il était le favori de sa mère. Il est certainement celui sur lequel elle eut le plus d'influence. Une fois encore, la reine-mère comptait bien se servir de son fils pour exercer son propre pouvoir. Henri n'avait pas véritablement un caractère faible, mais il faisait preuve d'une certaine indolence. Il était brillant, vif d'esprit et astucieux. On le trouvait particulièrement efféminé et ce, peut-être parce qu'il fut élevé par des Italiens aux mœurs assez dissolues.

A l'âge de seize ans, il reçut de sa mère la responsabilité de l'armée avec le titre de généralissime. Il remporta alors les victoires de Jarnac et de Moncontour en 1569. En 1573, il commandait le siège de la Rochelle, ville acquise aux protestants, mais l'armée royale fut cette fois défaite. Puis le jeune Henri fut élu roi de Pologne (car le trône de Pologne était alors soumis à une élection). Mais les mœurs de la cour polonaise ne satisfaisaient pas Henri qui s'ennuyait. Il était en train de se languir sur son lointain trône lorsqu'il apprit le décès de son frère.

En traversant la Lorraine pour gagner la Pologne, Henri rencontra Louise, fille de Nicolas de Lorraine. Il fut frappé par la beauté de la princesse. Deux jours après son accession au trône de France, elle le rejoignit. La jeune reine en séduisit plus d'un par sa simplicité et sa piété. L'influence qu'elle avait ou plutôt qu'elle risquait d'avoir sur son époux, ne plaisait pas à Catherine de Médicis qui sut facilement la dissuader. Louise se consacra alors à la dévotion. Après l'assassinat du roi, elle se retira à Chenonceau et ne cessa de réclamer la punition des assassins d'un époux qui n'avait fait que la dédaigner.

L'histoire garde de Henri III l'image d'un roi efféminé, entouré de ses favoris (les fameux mignons).

Henri III est entré dans l'Histoire avec sa boucle d'oreille, ses gants de peau et ses mignons mais ce souverain n'eut pas un règne facile. Il connut une France déchirée en deux. En 1575, Henri de Guise remporta sur les réformés la victoire de Dormans. Henri III tenta alors de mettre un terme à ce conflit en accordant des concessions aux protestants par un édit. Cette mesure eut pour conséquence d'accentuer la méfiance des catholiques à l'égard d'un roi qui était plutôt indifférent aux causes des deux parties. Les catholiques décidèrent alors de s'organiser en formant la Sainte Ligue. Les Etats se réunirent à Blois à l'initiative du roi et clamèrent leur adhésion à la Ligue. Henri sentit les dangers de cette sorte d'état dans l'état, de cette force politique qui se mettait en place en dehors de lui. Il s'en déclara le chef.

Mais parallèlement, pour mettre un terme au conflit qui avait repris, il accorda de nouvelles libertés aux huguenots. Jamais, le roi ne se résolut à choisir clairement l'un des deux camps. Il ne cessa d'aller de l'un à l'autre craignant la trahison des deux côtés. Les ligueurs l'accusèrent de trahison et répandirent contre lui des pamphlets plus sévères que les protestants. Puis Henri de Guise tenta, en marchant sur Paris, de s'emparer du gouvernement. Il y fit une entrée royale malgré l'interdiction du roi.

Henri tenta alors de sauver la situation mais les Parisiens se barricadèrent et le roi dut s'enfuir à Chartres. Henri de Guise cependant n'osait pas prendre le pouvoir. Le roi promit alors de réunir les états généraux. Au cours de cette mémorable réunion le roi, se sentant démuni, voulut définitivement montrer son autorité. Il décida crûment de faire assassiner le duc de Guise, erreur qui lui sera fatale..

A la mort de Henri de Guise, plus encombrant mort que vivant, Paris et les principales villes du royaume prononcèrent la déchéance du roi. Henri III n'avait plus qu'à se jeter dans les bras des protestants. Il s'allia alors à Henri de Navarre et ensemble, ils marchèrent sur Paris.

La Ligue semblait vaincue, mais un fanatique, Jacques Clément, réussit à s'introduire auprès du roi pour lui révéler ce qu'il présentait comme un secret d'Etat. Ce secret avait en fait la forme d'un couteau qui fut planté dans le bas-ventre du roi alors qu'il siégeait sur sa chaise percée.

Henri III n'avait pas de descendance, ses frères non plus; avec lui s'éteignait la branche royale des Valois.

Ci-dessous :
Bal à la Cour
Ecole Française, XVIᵉ siècle

Ce bal à la Cour de Henri III fut autrefois dit Bal du duc d'Alençon. Le duc d'Alençon était le quatrième fils de Catherine de Médicis, il porta ce titre avant de devenir le duc d'Anjou. Les bals de Henri III étaient célèbres pour leurs « mignons », et leurs « fraises ».

Henri IV

1553-*1589*-1610

Pour beaucoup d'entre nous, Henri IV est ce roi éminemment sympathique qui se promène dans nos mémoires poursuivi par des images aussi tenaces que celles d'une poule au pot ou d'un panache blanc. Peu de rois connaissent une telle fortune posthume, et l'on peut attribuer ce succès à la force de sa personnalité. Courtisan et bon vivant, le Béarnais l'était certainement, mais ce ne sont pas là les seules qualités de ce protestant qui sut accéder au trône alors qu'il n'était qu'en relation de cousinage avec la famille royale.

Henri III mourut sans laisser d'héritier. Il fallut donc se tourner vers une branche annexe. Henri de Navarre, futur Henri IV, est le fils de Jeanne d'Albret et d'Antoine de Bourbon, descendant de Robert de Clermont, fils de Saint Louis. Ce qui signifie qu'il fallut donc remonter l'arbre généalogique jusqu'à Saint Louis pour trouver un lien de parenté entre le défunt Henri III et le prétendant au trône Henri de Navarre.

Henri était prince de Navarre car son grand-père Henri d'Albret était roi de Navarre, alors que sa grand-mère Marguerite de Valois-Angoulême était la sœur de François Ier. Il naquit à Pau en 1553. Dès sa naissance et pour en faire un Béarnais dur et pur, son grand-père (raconte-t-on) lui frotta la bouche avec de l'ail et lui fit sentir un verre de vin. La saine réaction du nouveau-né était de bon augure. Le jeune Henri fut élevé à la béarnaise !

La France était alors déchirée par les guerres de Religion. Les huguenots étaient en guerre contre la puissante ligue de Henri de Guise et le roi de France ne se décidait pas à choisir son camp. Antoine de Bourbon, roi de Navarre, fut quelque temps à la tête des protestants. C'est à la cour de France que le jeune Henri de Navarre rencontra celle qui allait devenir sa femme. Cette union était plus politique que sentimentale. Catherine de Médicis en faisant épouser au prince protestant Marguerite de Valois espérait réconcilier les deux partis. Ces noces allaient-elles suffire à allier les Bourbons aux Valois ?

Elles ne réussirent pas longtemps à réconcilier les protestants et les catholiques et six jours après la célébration du mariage avait lieu le massacre de la Saint-Barthélemy. Henri fut épargné grâce à sa jeune épouse, mais son beau-frère le roi Charles IX lui demanda de choisir entre "la messe et la mort". Pendant quatre années, Henri choisit la messe, c'est-à-dire qu'il resta à la cour de France. Mais il finit par se retirer et par rallier les huguenots, desquels il s'était toujours senti plus proche.

Lorsque Henri III tomba sous le coup de la lame du moine Jacques Clément, Henri de Navarre, prétendant au trône, était au chevet du roi. Ce dernier eut encore suffisamment de force pour le désigner comme son successeur devant les nobles réunis pour la circonstance. Mais la parole du défunt n'y suffit pas et, comme Henri de Navarre refusait la conversion, la noblesse ne se rallia pas à son panache blanc. La guerre reprit. Les protestants avaient un roi, Henri IV, que les catholiques ne reconnaissaient pas. Ils allèrent même jusqu'à nommer Charles de Bourbon Charles X pour signifier leur refus.

Mais les hostilités étaient ouvertes et le Béarnais qui progressait de manière très honorable remporta brillamment la victoire d'Arques en 1589. Puis ce fut Ivry. Paris était cerné. On raconte que le bon roi, sensible à la misère qui s'abattait sur la capitale privée de vivres, autorisa les femmes et les enfants à sortir. La ville était au bord de la reddition, lorsque de fervents catholiques de pays voisins vinrent au secours des ligueurs. Henri IV se tourna alors vers les Espagnols et quitta Paris. Mais la situation était toujours bloquée. Nulle victoire décisive ne venait mettre un terme à ce conflit, alors que l'on se battait partout en France. Le pays était épuisé.

C'est alors que le roi protestant constata l'alternative inévitable : Paris ou une messe. Il se résolut à la conversion. L'abjuration eut lieu le 25 juillet 1593. Le sacre fut célébré deux mois plus tard. Et Henri IV fit une entrée triomphale dans Paris, chassant du même coup les Espagnols.

La guerre ne cessa pas pour autant. Si de grandes villes s'étaient spontanément ralliées au Béarnais, il fallut en rallier d'autres de force. De son côté, Philippe II d'Espagne attisait la résistance. Pour en finir, la France déclara la guerre à l'Espagne. Et Henri IV trouva tout naturellement un soutien dans l'Angleterre et la Hollande. Le conflit sortait des frontières. Mais bientôt, par le traité de Vervins, Philippe II renonçait à ses conquêtes françaises.

Henri de Navarre avait vaincu, mais la France était ruinée. Il fallut attendre l'Edit de Nantes, en 1598, pour fixer le statut des protestants.

Pour redresser l'économie du pays, le roi fit alors appel à Maximilien de Béthune, duc de Sully. La tâche était rude, mais le roi avait prouvé sa volonté. La lutte qu'il avait dû mener pour accéder au trône puis pour s'y maintenir lui avait forgé le caractère. Assez rapidement, l'agriculture et le commerce redevinrent prospères.

En grand urbaniste de son temps, le roi Henri aménagea des quartiers-clés dans la capitale. Il fit construire la place Royale (actuelle place des Vosges) dans le nouveau quartier d'habitation à la mode, place au centre de laquelle devait trôner une statue du roi. Mais la place ne fut inaugurée que sous Louis XIII et c'est ce dernier qui a le privilège d'en occuper le centre. Henri IV fit également bâtir la place Dauphine et aménager la pointe de l'île de la Cité située au croisement de la Seine et d'un grand axe qui traverse la capitale du nord au sud. Une statue royale placée au carrefour dit assez le symbolisme politique d'un tel urbanisme.

On a pu dire que sitôt qu'il fut maître de Paris, on ne vit que maçons en besogne. La France avait un besoin aussi matériel qu'économique de se reconstruire. Il existe de ce fait un style architectural associé au nom de Henri IV. Il assure la transition entre la seconde Renaissance et le XVIIe siècle. C'est un style très français. Les nouveautés italiennes sont volontairement ignorées. Les toits hauts sont en ardoise et les façades font alterner la brique et la pierre blanche.

En 1599 fut annulé le mariage avec Marguerite de Valois, plus connue sous le nom de la reine Margot. Sa conduite défrayait la chronique depuis déjà fort longtemps. Henri IV demanda à l'archevêque de Sens de bien vouloir héberger son ex-femme qui menait une vie trop dissolue à son goût. Elle avait été mêlée à un tel point à toutes sortes d'intrigues amoureuses que le roi, qui n'était encore que Henri de Navarre, s'était vu dans l'obligation

Henri IV, Marie de Médicis et Sully
Etienne GARNIER (1759-1849)
Salon de 1819

Au début du XVIIe siècle, les cours européennes commandèrent à Rubens de nombreuses compositions destinées à les immortaliser. Pour sa part, Marie de Médicis en commanda vingt-sept pour son palais du Luxembourg.
Deux siècles plus tard, Garnier s'en inspira. Ici Henri IV, accompagné du fidèle Sully, présente à Marie de Médicis les nouveaux plans du Louvre. La fleur de lys et le H de Henri apparaissent nettement sur les colonnes de la galerie du bord de l'eau.
Henri IV fut l'un des premiers souverains à développer une véritable politique urbaniste pour sa capitale.

Pages 116-117 :
L'entrée de Henri IV à Paris
François GERARD (1770-1837)
Salon de 1817

L'entrée du Béarnais à Paris rappelle que contrairement à la plupart des souverains, Henri de Navarre dut longtemps se battre pour voir s'ouvrir à lui les portes de la capitale. Protestant, lors de son mariage avec la reine Margot, il n'avait pu assister à son propre mariage, restant à l'extérieur du bâtiment où se déroulait la cérémonie. Son abjuration (1593) restée célèbre par le fameux « Paris vaut bien une messe », lui acquit enfin Paris, dont, sur ce tableau, la population lui remet symboliquement les clés. Henri IV porta beaucoup d'intérêt à l'architecture de cette ville âprement désirée. On lui doit, entre autres, la place des Vosges, la place Dauphine, l'aménagement des quais de l'Horloge, de l'Arsenal...

de la faire enfermer dans un château au fin fond de l'Auvergne. Elle y resta dix-huit ans mais réussit à s'attirer les grâces d'un marquis des environs et put ainsi en toute quiétude mener la vie qu'il lui plaisait. Puis elle regagna Paris, et aux dires des mauvaises langues, transforma l'hôtel des archevêques de Sens en véritable lieu de débauche. Pourtant la Reine Margot était loin d'être une beauté. On la disait en effet grosse et chauve !

En secondes noces, Sully eut l'idée de faire épouser au roi la Florentine Marie de Médicis. La rencontre du Vert Galant et de la Florentine (que les Parisiens surnommeront la grosse marchande) a été immortalisée par une suite de toiles signées Rubens. Marie de Médicis donna six enfants au roi et un héritier à la France.

Ainsi se serait exprimé le roi au sortir de sa nuit de noce : "Ma femme et moi, nous sommes restés tous deux attrapés, moi de l'avoir trouvée plus belle et plus gracieuse que je ne me l'étais persuadé et elle, à ce qu'il me semble, de m'avoir trouvé plus jeune qu'elle ne le pensait et ne pouvait le croire d'après ma barbe blanche".

De fait, cette réputation de vert galant n'était pas usurpée. "J'ai plus de cinquante ans" disait-il "et j'ai toujours la liberté d'aller d'une femme à l'autre : il n'est pas possible que j'y renonce". Gabrielle d'Estrées est la plus connue de ses conquêtes. Il lui écrivait avec beaucoup de poésie et de tendresse : "Soyez glorieuse de m'avoir vaincu, moi qui ne le fus jamais tout à fait de vous". La mort de Gabrielle fut d'une telle soudaineté que l'on pensa à un empoisonnement. Peu de temps après, le roi succombait aux charmes de Henriette d'Entragues qui remplaçait ainsi Gabrielle dans son cœur.

Puis en 1609, Henri IV rencontra Charlotte de Montmorency qui présentait l'inconvénient d'avoir comme époux le prince de Condé qui n'était pas homme à se laisser faire. Le mari jaloux s'enfuit avec sa femme aux Pays-Bas. Faut-il voir dans cette anecdote le désir que Henri IV éprouva de rentrer en guerre avec les Pays-Bas ? Vraisemblablement non, mais c'est pourtant ce que l'on crut à l'époque. Une nouvelle fois, la France entrait en guerre. Pour peu de temps car Ravaillac en décida autrement.

Le roi devait se rendre à l'Arsenal pour fournir les armes qui faisaient défaut. Le 14 mai 1610, à l'instant où le roi dont le bras droit est passé autour du cou d'un de ses compagnons, dit ces mots : "Je vous ferai voir le dessin que d'Escures a fait pour le passage de mon armée", le carrosse est parvenu à l'endroit le plus resserré de la rue de la Ferronnerie devant l'échoppe du "cœur couronné d'une flèche". C'est le moment propice pour Ravaillac. Il porte un premier coup. "Je suis blessé" crie le roi, puis Ravaillac porte un second coup.

Ainsi finit tristement la vie de Henri IV alors au sommet de sa popularité. La France était en train de se redresser mais le nouveau roi n'était qu'un enfant. Une grande tristesse et un grand désarroi envahirent alors le pays. "C'était pitié de voir par toutes les provinces de France les pauvres gens des villages s'amasser en troupes sur les grands chemins, étonnés, hagards, les bras croisés pour apprendre des passants cette désastreuse nouvelle ! Et quand ils en étaient assurés on les voyait se débander comme brebis sans pasteur, ne pleurant pas seulement, mais criant et bramant comme forcenés à travers les champs."

Ci-dessus:
La bataille d'Arques
Ecole Française, XVIe siècle

Le 21 septembre 1589, Henri de Navarre remporta la bataille d'Arques sur les troupes du duc de Mayenne, frère du duc de Guise, à la tête de la Ligue. L'année suivante, sur les mêmes troupes, il remportait également la bataille d'Ivry. Ces deux victoires, les excès de la Ligue et son abjuration en 1593 jouèrent en faveur de sa reconnaissance au trône. Le 22 avril 1594, les docteurs de la Sorbonne reconnaissaient enfin sa légitimité.

Ci-dessus:
Gabrielle d'Estrées
Ecole de Fontainebleau, XVIᵉ
siècle

Ce tableau n'est certainement pas étranger à la gloire posthume de Gabrielle d'Estrées, ici présentée avec sa sœur. Mais, de son vivant, la fille du grand maître de l'artillerie *et gouverneur de l'Ile-de-France connut les joies et les peines des favorites officielles. Henri IV légitima les trois enfants qu'elle lui donna mais alors qu'il songeait sérieusement à l'épouser, la jeune femme mourut brusquement dans des circonstances mystérieuses.*

Louis XIII

1601-*1610*-1643

Louis XIII, né le 22 septembre 1601, n'a que neuf ans à la mort de son père. Henri IV qui ne se fiait guère à la finesse d'esprit de Marie de Médicis avait mis en place un conseil de régence. Mais la reine, soutenue dans sa détermination par le duc de Guise, résolut de faire requête auprès du Parlement, instance suprême du royaume pour tenter d'être officiellement déclarée régente. Elle obtint effectivement gain de cause. Marie de Médicis garda pour plus de tranquillité les ministres de son défunt époux, mais elle s'entoura en outre de deux personnages dont le rôle fut prépondérant. Il s'agissait de sa sœur de lait, Leonora Galigaï et de son époux Concini.

La France cherchait à améliorer ses relations avec l'Espagne et c'est dans cette optique que fut imaginé le mariage du jeune Louis XIII avec la petite infante d'Espagne, Anne d'Autriche. L'union entre les deux familles était d'ailleurs doublement scellée puisqu'il était également prévu qu'Henriette, sœur du roi épousât le fils du roi d'Espagne. Le roi de France, qui n'était encore qu'un garçonnet répondait ainsi lorsqu'on lui parlait de ses noces : "Je coucherai donc avec elle et lui ferai un petit enfant". Cette confession était accompagnée de force détails.

La régence puis le règne effectif du roi sont marqués par les efforts constants que les grands mettent à s'opposer au pouvoir royal. Toute la période est agrémentée d'intrigues, ces fameux "crimes d'Etat" selon Richelieu, organisés par une aristocratie de dignitaires qui souhaite revenir à un régime féodal. La noblesse chercha particulièrement à profiter de la situation dès le début de la régence, période qui comme chacun sait correspond à un affaiblissement de l'Etat. Une véritable guerre civile éclata en 1614. Condé était à la tête des princes rebelles. Il fallut réunir les états généraux. (Ces états se réunirent alors pour la dernière fois avant la Révolution.) Mais l'assemblée ne réussit pas à prendre de mesure importante car il régnait une trop grande cacophonie entre les représentants des différents états. En résumé, la régence était flottante et les grands du Royaume ne se servirent que trop de ce laxisme pour recouvrer quelque privilège et surtout quelque pension.

La reine, à vrai dire, était davantage préoccupée par le double mariage de ses enfants. Mais elle dut se résoudre à négocier avec la partie ennemie, car les rebelles s'étaient alliés avec les protestants du Midi. La rencontre eut lieu à Loudun en 1616. Le résultat fut que Condé recevait une dot d'un million et demi de livres, ce qui représentait une somme considérable. Après avoir cédé, la reine se vit dans l'obligation de faire arrêter Condé qui décidément prenait trop d'importance et surtout puisait trop dans le Trésor.

Marie de Médicis nomma alors secrétaire d'Etat à la Guerre un certain Armand Duplessis, duc de Richelieu. Concini l'incita à se débarrasser des "Bourbons", c'est-à-dire des anciens ministres de Henri IV. Tout montre que la France attendait son roi.

Et son roi arriva. Cette entrée sur la scène politique est marquée par l'élimination pure et simple de Concini, ce qui était bien la manière la plus efficace de lui faire passer son goût pour les affaires de l'Etat. Indirectement la reine était également concernée. Cette fermeté de la part de Louis XIII ne doit aucunement surprendre. Elle est révélatrice de la dureté qui caractérise ce règne.

Louis XIII décida subitement d'en finir avec cette régence peu glorieuse qui n'avait que trop duré. D'une part il en était exclu et d'autre part, elle s'était montrée incapable de gouverner le Royaume. Le roi se fit alors aider par son fidèle "maître des oiseaux", Charles d'Albert de Luynes et d'un homme de main, Vitry. Le complot réussit et la reine-mère comprit que son règne était fini. Après cet assassinat, Louis XIII fut surnommé le Juste ce qui montre bien à quel point le peuple était las de cette régence que de plus, il qualifiait d'étrangère. Quant à Leonora Galigaï, elle fut condamnée comme sorcière, puis décapitée et enfin brûlée !

Louis XIII rappela les ministres de son père. Restait à résoudre le cas encombrant de Richelieu. Le roi lui aurait alors dit : "Me voilà délivré de votre tyrannie". Mais le duc de Luynes avait senti chez ce "tyran" les qualités d'un grand homme d'Etat. Telles sont les paroles que le roi adressa à sa mère : "J'ai désiré de vous soulager de la peine que vous preniez de mes affaires, il est temps que vous vous reposiez et que je m'en mêle". Celle-ci lui aurait répondu qu'elle avait régné sept ans et qu'elle n'attendait plus qu'une couronne au ciel. En fait, elle devait bien attendre autre chose puisqu'elle réussit à s'évader de Blois où son fils l'avait exilée.

Marie de Médicis n'était aucunement disposée à se reposer et les grands cherchèrent son alliance contre le roi. Heureusement, Richelieu assura le dialogue entre la mère et le fils et se montra un habile négociateur. Bien que provisoirement écarté du pouvoir, il parvint à limiter le conflit entre le roi et Marie de Médicis. Ce sens de la réconciliation lui valut d'ailleurs de devenir cardinal.

Pendant qu'avaient lieu ces intrigues, ces complots et ces règlements de compte à la cour, la situation de la France se détériorait. Les protestants gagnaient du terrain. Louis XIII prit alors une décision symbolique qui lui pesa : il se sépara de son fidèle Luynes et quelques années plus tard, en 1624 Richelieu revint au conseil. Cette date est une date-clé du règne, car désormais, les deux hommes vont marcher main dans la main et se compléter admirablement sans fausse note. L'un gouverne et l'autre règne. C'en est fini des rivalités. Le pouvoir royal va chercher à montrer sa force. Un peu trop parfois, et le duo Louis XIII-Richelieu fut aussi impopulaire qu'avait été populaire l'association Henri IV-Sully.

Contre qui faut-il lutter ? D'abord et toujours contre les grands qui ne se lassent pas de cette révolte qui commence à empoisonner sérieusement la monarchie. Alors le roi et Richelieu frappent fort. Il faut des exemples pour dissuader toute tentative de complot. C'est ainsi que sont décapités le duc de Montmorency et Cinq-Mars. Mais la liste est longue. Précisons que Montmorency avait été aidé dans sa tentative armée par Gaston d'Orléans, le propre frère du roi. Il faut dire que Louis XIII n'était pas aidé par son entourage familial. Son frère Gaston était aussi turbulent que sa mère était embarrassante. Toujours aussi peu disposée au repos auquel son fils l'avait invitée, Marie de Médicis tenta une dernière action restée célèbre sous le nom de "journée des dupes" qui visait à disgracier Richelieu. La reine-mère souhaitait alors contraindre son fils à choisir entre "le valet et sa mère".

Page 121 :
Louis XIII, adolescent
Frans POURBUS le Jeune (1570-1622)

En assassinant Henri IV en 1610, Ravaillac laissait la France sans roi. Son fils, le futur Louis XIII avait à peine dix ans. Marie de Médicis assura la régence avec l'aide du redoutable Concini et de sa femme, Leonora Galigaï.
Ici, le jeune Louis XIII a quinze ans. Un an avant, il a épousé la fille du roi d'Espagne, Anne d'Autriche. Un an après, avec l'appui du duc de Luynes, il fera arrêter Concini que tuera le maréchal de Vitry qui sera lui même embastillé ultérieurement par Richelieu.

Page 123 :
Louis XIII en armure
Juste d'EGMONT (1601-1649)

Représenter Louis XIII en armure correspond parfaitement à la nature du souverain. Il excellait en l'art de la guerre, voulant «mettre la France partout où fut la Gaule». Et il fut plus heureux en politique extérieure qu'à l'intérieur de son propre pays où sa mère, sa femme et son frère fomentèrent de nombreux complots à son encontre.

Page 124/125 :
Le Louvre
Pieter CASTEELS actif vers 1674 - mort en 1700

De quelques années postérieure au règne de Louis XIII, cette vue de Paris est très proche de ce qu'ont pu connaître ses contemporains. On y remarque la vie active des bords de Seine où bateliers, petits vendeurs et badauds se côtoient. A droite, le Louvre, berceau de la royauté, qu'elle n'a cessé de transformer de Philippe Auguste jusqu'à Louis XIV, fait face à la tour de Nesle, rendue célèbre par Alexandre Dumas.

Marie de Médicis fut alors définitivement exilée. Elle termina sa vie à l'étranger.

L'Edit de Nantes avait permis aux protestants de s'organiser autour de places fortes. Leur pouvoir grandissant devenait dangereux pour le royaume, d'autant plus qu'ils souhaitaient former des républiques. Le siège de La Rochelle mené pendant quatorze mois par Richelieu eut une portée symbolique. Un coup décisif était porté aux réformés. Cependant, par la grâce d'Alais signée en 1629, ils obtenaient des droits équivalents aux catholiques.

Il fallut aussi lutter contre les Espagnols qui avaient des visées expansionnistes. C'est ainsi que la France entra dans la guerre de Trente ans qui ravageait l'Europe. La France en sortit avec des frontières élargies et plus fiables. Mais l'effort de guerre était lourd à soutenir et la misère provoqua des jacqueries dans les campagnes qui furent réprimées dans le sang.

Mariés très jeunes, Louis XIII et Anne d'Autriche ne formaient pas un couple uni. Cette union, longtemps restée stérile finit par donner deux enfants à la France dont le futur Louis XIV. La reine, espagnole et dévote, s'entendait mal avec Richelieu qui tenta de l'écarter en répandant une rumeur qui la fit retenir prisonnière quelque temps. "Le roi était naturellement jaloux, et sa jalousie, fomentée par celle du cardinal de Richelieu, aurait suffi pour l'aigrir contre la reine, quand même la stérilité de leur mariage et l'incompatibilité de leurs humeurs n'y auraient pas contribué."

Le cardinal de Richelieu mourut en 1642. Le roi, qui lui aussi se sentait menacé, appela auprès de lui l'homme que le mourant lui avait recommandé, Mazarin. Il mourut quelques mois après son fidèle conseiller.

Ci-dessous:
Anne d'Autriche avec ses enfants, Louis XIV et Philippe
Atelier de Philippe de CHAMPAIGNE (1602-1674)

Marie de Médicis fit de Philippe de Champaigne le peintre officiel de la Cour mais, à la mort de Louis XIII, il se rapprocha des jansénistes et ses sujets furent essentiellement religieux. Est-ce là ce qui le poussa à figurer ainsi Anne d'Autriche et ses enfants que saint Benoît et sainte Scholastique présentent à la Sainte Trinité?
La naissance du futur Louis XIV et de Philippe, Monsieur, un an après, tient cependant presque du miracle, puisqu'elle eut lieu après vingt-trois ans d'un mariage peu heureux. La naissance tardive du fils de Louis XIII explique la régence d'Anne d'Autriche.

Ci-dessus :
Episode de la Fronde
Ecole Française, 1ère moitié du
XVIIe siècle

*Le 26 août 1648 marque le début de
la Fronde Parlementaire qui força la
Cour à se replier sur Saint-
Germain-en-Laye tandis que Condé
assiégeait Paris. Cette insurrection
que l'autorité de Richelieu puis de
Mazarin avait réussi à contenir
éclata avec violence à la mort de
Louis XIII.*

Ci-contre :
Richelieu
Philippe de CHAMPAIGNE
(1602-1674)

*L'évêque de Luçon commença en
fait sa carrière aux états généraux de
1614 où son brio le fit remarquer.
Marie de Médicis l'appela alors
auprès d'elle. En arrivant au
pouvoir, Louis XIII éloigna sa mère
et son secrétaire d'Etat. Mais
l'habile homme réussit à réconcilier
le roi et sa mère et c'est ainsi qu'il
allait rester ministre jusqu'à sa mort,
pendant dix-huit ans.*

Louis XIV

1638-*1643*-1715

L'histoire du règne de Louis XIV est d'abord l'histoire du plus long règne qu'ait connu la monarchie française, puisqu'il a duré soixante-douze ans. Nombreux furent les événements, mais nombreuses sont également les traces laissées par ce règne du fait de l'extraordinaire personnalité du souverain qui eut tant d'influence sur l'art ou la politique, tant en France qu'à l'étranger.

Il n'était pas aisé pour Louis XIII de retirer la régence qu'il destinait à sa femme Anne d'Autriche ou à son turbulent frère Gaston d'Orléans. Pourtant, il ne les jugeait pas plus aptes l'un que l'autre à s'occuper des affaires du royaume. Quelques semaines avant sa mort, le roi, prudent et sentant son heure venir, régla le problème de sa succession directement avec la plus haute instance de l'Etat : le Parlement. Malgré cette précaution, deux jours après la mort du roi, Anne d'Autriche était nommée régente par ce même Parlement. La déclaration du feu roi avait donc été cassée. Mazarin, désigné par Richelieu, se retrouva à la tête du conseil de régence, ce qui était loin de faire l'unanimité.

De fait, à l'exception de la reine, l'Italien comptait peu d'amis dans ce gouvernement. Mais l'appui d'Anne d'Autriche était de taille. La reine finit même par épouser clandestinement Mazarin, qui outre son allié fidèle, était également son amant. Anne avait été tenue à l'écart, voire humiliée, tant que Richelieu avait eu en main les rênes du pays. Elle comptait désormais montrer que son heure était venue.

En 1648, Condé, par la Paix de Westphalie mettait un terme à la guerre de Trente ans. Mais la fin des hostilités à l'extérieur marqua le début des complications à l'intérieur. En effet, l'administration draconienne de Mazarin devait soulever des tempêtes. C'est cette période troublée que l'on a appelée la Fronde, ce nom venant d'un jeu d'enfant. En fait, il y eut deux frondes qui se succédèrent. La Fronde parlementaire, puis la Fronde des Princes. Le mouvement insurrectionnel d'une partie de la noblesse contre le gouvernement d'Anne d'Autriche et de Mazarin se terminera en 1653. Sous couvert de refuser les nouveaux impôts décrétés par Mazarin, c'est la noblesse entière qui réagit contre le système politique plus généralement mis en place par Richelieu. Elle profita de l'affaiblissement relatif que représentait cette régence pour se faire entendre. Toute sa vie, Louis XIV se méfiera d'ailleurs des nobles en souvenir de ce soulèvement.

Mais le pouvoir royal était plus solide qu'il n'aurait pu y paraître et la faction des Grands n'aboutit pas. Il est vrai que Mazarin eut l'heureuse idée de dresser le Parlement contre la noblesse et la régence fut épargnée. Anne put ainsi transmettre à Louis XIV devenu majeur une monarchie intacte et telle que Richelieu l'avait construite. A partir de cette majorité, la reine ne prit plus part aux affaires de l'Etat et elle se retira dans une pieuse dévotion au Val de Grâce qu'elle avait fait construire.

On a beaucoup parlé de l'influence qu'avait eu la Fronde sur le jeune roi. Et Louis XIV se gardera d'habiter au Louvre auquel il préférera Versailles, se rappelant le siège de Paris qui les obligea à fuir, lui et sa mère. Cette fuite est connue par les mémoires de saint Aulaire : "Dans la nuit du 5 au 6 janvier 1649, la Cour partage le gâteau des rois aux cris de 'La reine boit ! Le roi boit !'. Puis tout le monde se couche. A trois heures du matin, Anne d'Autriche entre dans la chambre de son fils, le réveille, le fait habiller, recommande de ne pas faire de bruit. C'est bien l'enlèvement du roi, mais par sa mère. On se retrouve au Cours-de-la-Reine, avec Mazarin et Condé pour aller à Saint-Germain dans le palais démeublé. Aucun préparatif n'a été fait, afin de ne pas éveiller l'attention. On couche sur la paille dans des chambres sans feu et sans fenêtre par un froid terrible. Pour ce petit roi, ce voyage est une chose qu'il n'oubliera jamais."

Sur les conseils de Mazarin, Anne fit proclamer la majorité de Louis XIV alors qu'il n'avait que treize ans. C'était le 7 septembre 1651. Le 21 octobre Paris était repris et Louis et sa mère pouvaient en toute quiétude regagner la capitale. Au total, la France sortait de quatre années de guerre civile relativement épuisée mais l'autorité royale n'avait pas réellement été ébranlée.

Avant de laisser les affaires, Mazarin organisa la paix avec l'Espagne. La Paix des Pyrénées, signée en 1659 mit fin par la victoire de Turenne sur Condé, passé aux Espagnols, à la guerre franco-espagnole. Cependant, une clause de ce traité contrariait sérieusement le jeune roi. Cette paix devait être scellée par le mariage entre Louis et Marie-Thérèse d'Espagne. Or le souverain était alors éperdument amoureux de la nièce de Mazarin, Marie Mancini. Mais le cœur a ses raisons que l'Etat ignore et le mariage avec Marie-Thérèse fut célébré à Saint-Jean-de-Luz.

Le véritable avènement de Louis XIV ne commença pas avant la mort de Mazarin en 1661. Louis XIII, Richelieu et Mazarin avaient eu comme objectif de maintenir la paix à l'intérieur de la France. Le jeune Louis XIV avait des objectifs beaucoup plus ambitieux de par l'idée absolutiste qu'il se faisait de la monarchie.

Ainsi Louis XIV décrivit-il dans ses mémoires destinées à son fils ses premières années de règne : "Tout était calme en tout lieu ; ni mouvement, ni apparence de mouvement dans le royaume qui pût m'interrompre et s'opposer à mes projets ; la paix était établie avec mes voisins vraisemblablement aussi longtemps que je le voudrais moi-même". Seulement Louis ne voulut pas longtemps cette paix. Le règne se divise en deux périodes. Dans la première partie, qui s'étend jusqu'à la mort de Marie-Thérèse en 1683, tout semble sourire au jeune souverain. Il est gagnant sur tous les tableaux. La seconde partie du règne au contraire, s'est avérée plus difficile et le roi terminera sa vie comme lassé par un règne qui n'en finissait pas.

Juste avant de mourir, Mazarin donna quelques judicieux conseils au nouveau souverain, tel que celui de ne pas se faire aider par un premier ministre. Il lui recommanda par contre trois hommes de confiance qui étaient déjà en place : Le Tellier, Lionne et Fouquet. Mais sans avoir eu l'occasion d'intervenir, Louis XIV s'était déjà fait une opinion sur chacun d'entre eux, puisqu'il assistait au conseil depuis longtemps, et l'on peut supposer que la destitution du surintendant Fouquet était préméditée.

Chacun connaît la malencontreuse fête de Vaux qui lui fut fatale. Cet étalage de richesses qui n'avait rien de malveillant, fut interprété comme une provocation par le roi. Fouquet fut arrêté et destitué. Colbert le remplaça.

La triade Colbert, Lionne et Le Tellier était en place et formait le conseil du roi. La reine-mère fut écartée de ce conseil, ce qu'elle finit par accepter. Voilà ce que le roi écrivit sur les membres de ce conseil : "Je résolus sur toute chose de ne point prendre de premier ministre ; et si vous m'en croyez, mon fils, de tous vos successeurs après vous, le nom en sera pour jamais aboli en France, rien n'étant plus indigne que de voir d'un côté toutes les fonctions, et de l'autre le seul titre de Roi". Propos fort révélateur et règle d'or de l'absolutisme qu'il devait incarner mieux qu'aucun autre.

Pour Saint-Simon, qui ne l'aimait guère, Louis XIV était né avec un esprit au-dessous du médiocre. Michelet le jugeait judicieux, sec, dur et très froid. Sa santé était robuste et sa constitution étonnante. "Louis XIV était galant, mais souvent il poussait la galanterie jusqu'à la débauche ; tout lui était bon pourvu que ce fussent des femmes, les paysannes, les filles des jardiniers, les femmes de chambre, les dames de qualité ; elles n'avaient qu'à faire semblant d'être amoureuses de lui."

De fait les infidélités de Louis XIV appartiennent à l'histoire autant que les événements les plus fastueux du règne. On le disait très beau, bien que masquant sa petite taille par des talons et des perruques. Voici comment le jugea Mme Scarron, la future Mme de Maintenon, la première fois qu'elle le vit. Le couple royal faisait alors son entrée dans Paris. "Je ne crois pas qu'il se puisse rien voir de si beau et la reine dut se coucher assez contente du mari qu'elle a choisi." Elle ignorait alors qu'elle-même un jour se trouverait très heureuse de l'amant qu'elle se serait choisi.

Louis XIV n'était certainement pas d'une intelligence au-dessous de la moyenne comme voulut bien l'écrire Saint-Simon. Il n'était pas davantage pourvu d'une intelligence supérieure. Il eut cependant celle de remplacer le génie qui lui faisait défaut par de grandes qualités, telles que la clairvoyance et ce que l'on appellerait aujourd'hui de la psychologie. Il plaçait très haut la tâche qui lui était confiée et se croyait réellement investi d'une mission à l'égard de ses sujets.

Il sut dissimuler sa passivité naturelle sous une rigueur extrême qui le faisait se décider sans rapidité. Il eut surtout la qualité majeure de savoir utiliser l'intelligence des autres. Son sens de l'Etat poussé à l'extrême permet de comprendre certains excès de mégalomanie qui sont caractéristiques de sa personnalité. Son incommensurable désir de gloire fit qu'il n'hésita pas à se comparer au plus illustre des astres, le soleil.

Sa vie privée est une suite d'intrigues amoureuses. La première partenaire du roi aurait été une certaine Catherine dite la Borgne qui fut chargée de le déniaiser, ce dont elle s'accommoda fort bien si l'on en croit le fameux palmarès du roi. Parmi toutes celles qui furent choisies, certaines le furent plus durablement que d'autres. Louise de La Baume Leblanc, plus connue sous le nom de duchesse de La Vallière fut la première grande favorite. Cette liaison qui avait donné des enfants au roi finit par être mal supportée par la maîtresse royale et cette dernière préféra entrer au Carmel, à Chaillot. L'intermède fut de courte durée car le roi rencontra la marquise de Montespan, avec laquelle il eut d'ailleurs une fille, mademoiselle de Blois. Cette dernière épousera le duc d'Orléans, neveu du roi.

En moins de quatre ans, la France se retrouva en guerre contre la Turquie, l'Angleterre, l'Empire et même la papauté. Mais la France gagnait et nul ne s'en plaignait. La noblesse était comme domestiquée car elle aimait trop la vie à la cour pour s'opposer à son souverain. Colbert réussit en ruinant quelques rentiers à redonner meilleure santé aux finances. Mais les efforts de guerre pesaient lourd. La Flandre fut conquise de même que la Franche-Comté. La Suède, l'Angleterre et la Hollande obligèrent cependant le roi de France à signer la paix d'Aix-la-Chapelle. La revanche fut immédiate et la Hollande fut envahie. Le conflit déboucha sur la paix de Nimègue qui marque le summum de la gloire ludovicienne.

Alors commence la seconde partie du règne, marquée par autant de défaites, d'insuccès et de deuils que la première partie avait été marquée de victoires et de réussite. Marie-Thérèse meurt en 1683. Elle avait donné six enfants à la France dont aucun ne survivra à Louis XIV. Peu de temps après, c'est le décès de Colbert qui endeuille la cour. Il est remplacé par Louvois.

Les caisses du trésor sont vides et il faut lever de nouveaux impôts. Une misère grandissante envahit les campagnes. Louis XIV soutient encore deux guerres contre l'ensemble des pays d'Europe, la guerre de la Ligue d'Augsbourg et la guerre de la succession d'Espagne. A Gertrydenberg, en 1710, le roi est dans l'obligation d'abandonner toutes ses conquêtes, seul moyen pour la France de retrouver la paix. C'est un échec cuisant mais les traités de Rastadt et de Bade lui permettent de garder les meilleures conquêtes du règne. Au total tous ces efforts de guerre qui ont ruiné la France se soldent par de bien maigres récompenses.

Les trente dernières années du règne sont également dominées par la personnalité de Madame de Maintenon, la favorite que le roi épousa morganatiquement. Ses charmes étaient largement plus grands que sa fortune lorsqu'elle avait épousé le poète Scarron avec lequel elle tenait un salon littéraire. Madame Scarron eut en charge l'éducation des enfants que le roi avait eus avec Madame de Montespan. C'est ainsi qu'elle entra à la cour. Ces enfants seront d'ailleurs légitimés, ce qui représentait une mesure scandaleuse.

Madame Scarron, devenue Madame de Maintenon grâce à l'acquisition du château du même nom, fut remarquée par le roi après la disgrâce de Madame de Montespan. Elle était déjà âgée de plus de quarante ans, mais il appréciait chez elle des qualités qui lui donnèrent un droit de regard sur les affaires de l'Etat.

Les rapports avec la papauté, qui n'avaient jamais été bons se dégradèrent dans la seconde partie du règne. Rome n'apprécia pas la façon dont furent condamnés les jansénistes. Mais le conflit s'envenima lorsque le roi de France s'accorda le privilège de la Régale. Louis XIV fut alors excommunié. La situation resta inchangée jusqu'à la mort du Pape.

La fin du règne fut marquée par une série de deuils. Le roi ne s'amuse plus à Versailles et semble las de régner. En 1711, le Grand Dauphin meurt de la petite vérole. Ce n'était pas trop grave pour la Couronne puisqu'il avait deux fils, le duc de Bourgogne et le duc de Berry. Mais la petite vérole toucha la duchesse de Bourgogne qui mourut à son tour. Une semaine plus tard le duc de Bourgogne fut également atteint par la maladie. Le duc de Berry meurt en 1714 et le futur héritier est alors un petit enfant.

On comprend mieux alors pourquoi le roi eut cette idée qui peut sembler si saugrenue de faire légitimer ses bâtards. Il les rendait ainsi aptes à monter sur le trône. Mais cette volonté ne put aboutir.

Louis XIV mourut de la gangrène le 1er septembre 1715. C'est son arrière-petit-fils, le duc d'Anjou, qui lui succéda.

Page suivante, haut:
La reine Marie-Thérèse
Jean NOCRET (1615-1672)

Le traité des Pyrénées mit un terme définitif à la guerre entre la France et l'Espagne. L'une de ses clauses fixait le mariage de la fille de Philippe IV, Marie-Thérèse d'Autriche avec Louis XIV. La reine fut une épouse discrète, ne protestant jamais contre les infidélités de son mari.

Page 131:
Louis XIV
Hyacinthe RIGAUD (1659-1743)

Ce portrait de Louis XIV pourrait à lui seul illustrer la monarchie absolue qu'il sut imposer. Rarement l'autorité et le faste surent s'allier aussi aisément.

Ci-contre :
Madame de Maintenon
Ecole Française, XVIIᵉ siècle

La petite fille d'Agrippa d'Aubigné fut orpheline très jeune et elle épousa par nécessité financière le poète Scarron, âgé, contrefait mais entouré des célébrités littéraires de son époque. Veuve, elle se trouva à nouveau sans ressources et elle obtint la charge de l'éducation des enfants que Louis XIV avait eus de Madame de Montespan. Malgré son austérité, malgré ses trois ans de plus que le roi, elle séduisit son souverain qui l'épousa secrètement à la mort de Marie-Thérèse. Et c'est ainsi que Versailles, sous son influence grandissante, se mua en une société relativement austère, malgré tous les efforts contradictoires des courtisans furieux.

Ci-dessus:
Le château de Versailles
Pierre-Denis MARTIN (1663-1742)

Louis XIII ordonna la construction d'un petit pavillon de chasse dans une forêt qui lui plut. Louis XIV, que le Louvre inquiétait, ordonna en 1661 les premiers travaux d'agrandissement de son ambitieux projet. Les premiers travaux furent confiés à Le Vau puis Le Nôtre fit franchir une étape décisive au château avec ses superbes jardins et Le Brun aménagea les intérieurs. En un troisième temps, Jules Hardouin-

Mansart agrandit et magnifia encore la résidence royale. Versailles était bien « le plaisir superbe de la nature » que décrivait Saint-Simon mais c'était aussi le symbole de la puissance du roi auprès des seigneurs et de celle de la France auprès des ambassadeurs étrangers.

Ci-dessus:
Louis XIV et ses conseillers d'Etat
Ecole Française, XVIIe siècle

Louis XIV tient le sceau. Ses conseillers l'assistent. Ils sont vêtus de noir, lui seul resplendit dans son habit royal. « L'Etat, c'est moi ». Louis XIV commença son règne effectif à vingt-trois ans, à la mort de Mazarin. Ce monarque absolu ne nomma pas de premier ministre et il restrint son conseil d'Etat, mais il sut s'entourer d'hommes comme Colbert, Le Tellier et son fils Louvois, Fouquet, même, un temps.

Pages suivantes:
Louis XIV au siège de Douai
Beaudrin YVART (1611-1680)

Le siège de Douai marque l'un des temps forts de la guerre dite de Dévolution. Cette guerre fut la première des conquêtes qu'entreprit Louis XIV. Il s'agissait, pour lui, de faire valoir les droits de sa femme Marie-Thérèse sur les Pays-Bas. Le 4 juillet 1667, Louis XIV assiégea Douai, en compagnie de Turenne et du maréchal de Duras. La guerre de Dévolution apporta Lille, Charleroi et Douai à la Couronne. Louis XIV passa la majeure partie de son règne

à guerroyer. Sur son lit de mort, il devait confier: «J'ai trop aimé les guerres et les bâtiments. »

Louis XV

1710-*1715*-1774

La personnalité de Louis XV présente un paradoxe. Ce roi qui de son vivant réussit à se faire surnommer le Bien-Aimé sera enterré clandestinement, tant son impopularité sera grande. Comment en est-il arrivé là ? N'oublions pas de regarder les dates : 1789 n'est pas très loin.

A la mort de Louis XIV, alors que l'éducation du jeune roi était confiée à l'abbé Fleury, la régence était confiée au duc d'Orléans, neveu et gendre du défunt roi. Philippe d'Orléans traînait déjà derrière lui une solide réputation de débauche. On l'avait en outre accusé d'être responsable des décès qui avaient endeuillé la cour à la fin du règne précédent.

Populaire, le régent ne l'était donc pas, et Louis XIV, qui se méfiait grandement de lui, avait tenté dans son testament de limiter ses prérogatives au profit de ses bâtards. Mais le Régent refusa cette décision, estimant que la légitimation de ces enfants était contraire aux lois fondamentales du royaume et le testament fut cassé par le Parlement. On peut finir par se demander pourquoi les rois de France, alors qu'ils sentaient la mort proche, tenaient à coucher leurs dernières volontés par écrit, puisque la postérité n'en avait cure !

Philippe d'Orléans, une fois investi de ce que l'on appelle la Régence, commença par remercier les anciens ministres en place. Il s'entoura non pas de ministres mais de ce qu'il appelait ses petits conseils. Mais le système de la "polysidonie" ne fit pas ses preuves et l'on en revint à un système plus ministériel. Philippe fit également preuve d'innovation en matière de finances. Le duc d'Orléans crut bon en effet d'investir dans le système Law, système qui en ruina plus d'un. Ce banquier écossais proposait de soi-disant comptoirs dans les colonies aux investisseurs qui voulaient bien l'entendre. En fait, il s'agissait de faire fonctionner la planche à billets, et cette solution ne régla pas véritablement les difficiles problèmes des finances de l'Etat. Les griefs que l'on pouvait avoir contre le Régent augmentèrent encore.

En matière de politique extérieure, le duc d'Orléans s'allia avec l'Angleterre, la Hollande et l'Empire, ce qui était le meilleur moyen d'éviter une guerre qui aurait encore aggravé la situation du Trésor. La paix avec l'Espagne fut conclue grâce au projet de mariage entre Louis XV et l'infante espagnole. Décidément, l'Espagne se montrait grande pourvoyeuse d'épouses royales.

Il y avait longtemps que Mme Berthelot de Prie, maîtresse en titre du duc de Bourbon, rêvait d'un ministère pour son amant et d'exercice du pouvoir pour elle, par l'intermédiaire de ce dernier. Cet espoir n'était pas vain compte tenu de la vie que menait le duc d'Orléans. Il y avait gros à parier que cette vie de plaisirs touchait à sa fin.

Le roi grandissait. De régent, Philippe d'Orléans serait devenu une sorte de premier ministre, si comme l'avait prévu Madame de Prie, sa santé n'avait été victime des excès qu'il lui faisait subir. En 1723, le Régent mourait d'une crise d'apoplexie chez une de ses maîtresses. Ce décès n'attrista pas la France et les Parisiens disaient que Philippe d'Orléans était mort avec son confesseur habituel.

Ce fut donc le duc de Bourbon qui se retrouva aux affaires. Il en sera ainsi jusqu'en 1726, le souverain n'intervenant que de loin dans le gouvernement de son pays. Et avec Bourbon, c'est son ambitieuse favorite qui gouverne. Ce fut elle ainsi qui décida de marier le roi. Puisque l'infante mettait vraiment de la mauvaise volonté à vieillir, on se résolut à faire le tour des cours d'Europe afin de trouver une reine de France. Il fallait que cette princesse soit en âge de donner un dauphin à la France. Le choix s'arrêta sur Marie Leszczynska, la fille de Stanislas Leszczynski, roi de Pologne, ou plus exactement roi détrôné de Pologne. Ce choix s'avéra judicieux puisque la reine donna à la France dix enfants en dix ans!

Stanislas s'était fait voler son trône par Pierre le Grand. Mais lorsqu'il reçut l'avis de la demande en mariage, telles furent ses paroles: "Si j'ai quelquefois désiré remonter sur le trône, c'était afin d'établir ma fille d'une manière digne d'elle. Je ne songe plus à la Couronne, cet établissement passe tous mes vœux." Et alors que l'on s'activait autour des préparatifs de la noce, l'abbé Fleury tentait désespérément d'imaginer une solution pour initier le roi aux affaires de l'amour. Louis, en effet, semblait alors plus sensible aux beautés masculines qu'aux charmes des dames. "Tout cela, disait Mme de Prie à ses suivantes qui lui racontaient en riant aux éclats le manège du vieil abbé, tout cela n'est point assez démonstratif; je l'ai dit à Monsieur le duc. J'avais offert de déniaiser sa majesté;... on n'a pas voulu." A défaut d'expérience, le roi se montra pourtant comme nous l'avons vu tout à fait à la hauteur de la situation puisque l'union royale fut loin d'être stérile.

Le roi montrait moins d'ardeur pour les affaires du royaume que pour ses plaisirs. Il avait peu le sens de la politique et faisait preuve d'une grande incapacité de décision. Après quelques erreurs qui le rendirent lui aussi impopulaire, Bourbon fut remplacé par l'abbé Terray puis par le cardinal Fleury. Ce dernier gouverna sagement et avec la plus grande réserve jusqu'à sa mort en 1743.

Son action est marquée par un renouveau de la lutte contre le jansénisme. Le parlement (qui comprenait de nombreux jansénistes) n'eut plus droit de regard sur les affaires de l'Eglise. Quant aux finances elles se rétablirent lentement, grâce à quelques heureuses initiatives.

Stanislas Leszczynski ne se contenta pas aussi longtemps qu'il l'aurait cru du trône de France pour sa fille. Il tenta de retrouver son propre trône. C'est ainsi que débuta la guerre pour la succession de la Pologne à laquelle la France fut mêlée. Ce conflit commencé en 1733 dura deux ans. En 1738 était signé le traité de Vienne, qui donna la Lorraine à la France, qui ellemême la confia au roi détrôné.

Peu de temps après, la France entrait en guerre contre l'Autriche. Cette fois, c'est de la succession du trône d'Autriche dont il était question. Les troupes de Marie-Thérèse (prétendante au trône alors que la France soutenait l'électeur de Bavière) entrèrent en Lorraine.

Que devenait le roi de France? Après ses dix grossesses, Marie Leszczynska commençait à faillir à ses devoirs conjugaux, et Louis XV, que l'on avait sans doute fort bien initié, chercha alors quelque compensation. Voilà ce qui occupait le plus clair de son temps. Mais lorsque la Lorraine, qu'il avait confiée à son beau-père, fut envahie par les Autrichiens, il résolut de prendre les armes et se battit aux côtés du général de Saxe. Les premières

Page 140:
La reine Marie Leszczynska
Attribué à Pierre GOBERT
(1662-1774)

Louis XV n'était âgé que de quinze ans lorsque l'on décida pour lui qu'il épouserait la fille du roi de Pologne Marie Leszczynska, de sept ans son aînée. La nouvelle reine était loin d'être une beauté, mais sa dévotion et sa modestie lui attirèrent la sympathie de la cour et du peuple. Après dix grossesses, la reine vécut effacée, comme perdue dans une vie de cour pour laquelle elle n'avait pas été préparée.

Page 141:
Louis XV se promenant à cheval en vue du Grand Trianon
Pierre-Denis MARTIN (1663-1742)

Jugeant nécessaire d'agrandir son domaine, Louis XIV avait acheté le village attenant de Trianon où il fit élever par Le Vau en 1670 un pavillon relativement modeste, que Saint-Simon estimait « une maison de porcelaine à aller faire des collations ». Le revêtement extérieur était effectivement en faïence de Delft et de Nevers. Il devait se dégrader rapidement et, en 1687, Mansart se chargea de le transformer en « Trianon de marbre ». Trianon agrandi, et superbe sous son marbre rose, devenait beaucoup plus conforme aux fastes du Roi-Soleil. Louis XV, peu à l'aise dans les immensités de Versailles, aimait se retirer dans la relative intimité de Trianon.

victoires remportées auréolèrent le roi lui-même. Mais à Metz, Louis XV tomba gravement malade. Partout, en France, furent célébrées des messes pour sa guérison. A partir de ce moment-là, on le surnomma le Bien-Aimé. Transformé par sa guérison, le roi fit alors publiquement amende honorable et renvoya sa maîtresse du moment. Il fit solennellement ses excuses à la reine. Puis, il remporta d'autres victoires et rappela sa maîtresse. Mais il était toujours le Bien-Aimé.

La victoire de Fontenoy, restée dans les annales, parce que l'on y invita "Messieurs les Anglais" à tirer les premiers, mit un terme à cette guerre qui n'avait que trop duré. Mais le traité n'apportait rien à la France car le roi refusa ses conquêtes, ce qui lui valut un regain d'impopularité.

C'est alors que Louis XV tomba sous le charme de Jeanne-Antoinette Poisson, qu'il ne tarda pas à faire marquise de Pompadour. L'influence de la nouvelle favorite fut déterminante. Il fallait déjà braver la Cour pour imposer cette nouvelle favorite de petite naissance. Pendant plus de vingt ans, « la Poisson », comme ses ennemis la nommaient va en quelque sorte gouverner la France. Elle était à vrai dire plus passionnée par la politique et par les arts que par l'amour. Elle réussit à réfréner les ardeurs royales en présentant de jeunes beautés au roi.

Une guerre se terminait, une autre commença, à croire que cette époque aimait alors se battre. Il y eut un renversement des alliances. Les anciens alliés étaient désormais les ennemis et réciproquement. La guerre de Sept ans eut pour conséquence de laisser l'Angleterre s'emparer de nombreuses colonies françaises à l'exception du Canada et de l'Inde. Le roi donnait ainsi à ses sujets quelques griefs supplémentaires.

En 1764, le parlement obligea le roi à dissoudre l'ordre des jésuites. C'était la revanche des jansénistes. Comme le roi refusait cette condamnation, le Parlement se mit en grève. Il fallut attendre l'arrivée de Maupeou pour que la situation se débloque. Ce nouveau ministre condamna alors les parlementaires en grève à l'exil. Cette lutte entre le pouvoir royal et la plus grande instance de l'Etat laisse également deviner la proximité de la Révolution.

A la mort de la reine, une nouvelle favorite fait son apparition : il s'agit de la comtesse du Barry. Le peuple lui reprocha ses dépenses excessives. Toutes ces raisons expliquent que lorsque Louis XV mourut de la petite vérole en 1774, son entourage préféra que le cortège des funérailles se déroule la nuit.

Ci-dessus :
Les filles de Louis XV
François-Hubert DROUAIS
(1727-1775)

Cette réplique de dessus-de-porte représente les filles cadettes de Louis XV. On reconnaît ainsi Madame Victoire tenant une partition musicale, Madame Sophie tenant un flageolet, et Madame Louise se contentant d'une couronne de lauriers. On appréciera particulièrement les tonalités de ce tableau dans une admirable harmonie de gris et de bleus.

Page en regard :
La marquise de Pompadour
Maurice Quentin de LA TOUR
(1704-1788)

A vingt-quatre ans, Jeanne-Antoinette Poisson, épouse du fermier général Le Normant d'Etiolles, devient la favorite officielle de Louis XV. Cette ambitieuse jeune femme eut un rôle politique non négligeable mais elle sut aussi profiter de sa situation pour protéger les arts et les lettres. Elle soutint les Encyclopédistes. Ses ennemis, très nombreux, la surnommèrent « la Poisson ». Elle sut admirablement s'accommoder des infidélités du roi et conserver son amitié jusqu'à sa mort en 1764. Louis XV la combla de cadeaux. Parmi les nombreux hôtels qu'il lui offrit, l'un devait passer à la postérité : l'hôtel d'Evreux, qu'elle fit restaurer et qui fut plus connu sous son appellation suivante : l'Elysée.

Louis XVI

1754-*1774-1791*-1793

L'histoire, ou plus exactement la mémoire collective, a fait de Louis XVI un faible. Au juste, il n'était pas doué d'une aussi grande incapacité que la postérité a bien voulu le faire croire. La meilleure preuve en est sa politique extérieure d'une grande cohérence. Mais la colère montait et la Révolution était déjà en marche. Louis XVI eut simplement la maladresse d'accumuler les erreurs à un moment où le soulèvement n'attendait plus qu'un détonateur pour se déclencher. Il ne fut pas plus mauvais roi que ses prédécesseurs mais la situation était trop dégradée pour que le moindre écart ne fût sanctionné.

Dès son accès au trône, Louis XVI se retrouve confronté à des difficultés et à des responsabilités qui le dépassent largement. Il ne s'en cache d'ailleurs nullement lorsqu'il déclare : "Quel fardeau ! Et l'on ne m'a rien appris !". Cet homme tranquille a néanmoins eu le mérite de se mesurer aux problèmes qui se présentaient à lui au milieu d'un entourage qui ne pensait qu'à ses plaisirs et qui avait atteint un niveau de frivolité qui frisait parfois la dégénérescence. Le sérieux dont il fit preuve ne le rendit donc aucunement sympathique à ses proches.

Peut-être était-il d'une intelligence médiocre. Son frère, le comte de Provence, décrivait ainsi son esprit : "Imaginez des boules d'ivoire huilées que vous vous efforceriez vainement de retenir ensemble". Si son esprit n'avait donc rien d'exceptionnel, par contre Louis XVI se montra toujours constant dans la volonté qu'il avait de satisfaire ses sujets. Peut-être en était-il incapable, mais il en avait au moins le désir. Son physique était aussi ingrat que la situation qu'il avait à affronter, puisque son embonpoint était à la limite de l'obésité. Si on lui reprocha sa grande faiblesse, on lui reprocha tout autant l'influence que sa femme, "l'Autrichienne" comme l'avaient surnommée ses ennemis, avait sur lui. Il garda pour son épouse un amour égal à lui-même, malgré les rumeurs que fit naître son amitié avec Fersen.

Le laxisme qu'on lui reprocha, particulièrement dans la dernière partie de son règne, était dû, en dehors de sa personnalité, au grand optimisme dont il faisait preuve, et qui était d'ailleurs tout à fait dans l'air du temps. Son impuissance à trouver des solutions l'obligeait à accepter les événements tels qu'ils étaient. Si son épouse montrait des qualités de fermeté et de détermination, lui ne pouvait montrer que sa générosité et son intégrité, vertus qui apparurent comme totalement insuffisantes pour ce règne qui eût été ingrat pour tout souverain, quelle qu'ait été sa personnalité. Car le pays était au bord du soulèvement et la Révolution était inéluctable.

A la mort de Louis XV, on dut changer de personnel ministériel, car on craignait la contagion de la petite vérole. Les filles de Louis XV furent effectivement atteintes par la maladie. Ce fut alors Maurepas qui fut appelé pour diriger le gouvernement. Cette nomination faisait dire à Voltaire avec l'ironie qui lui était coutumière : "Rien de mieux à faire pour les Français que d'être doux et aimables ; M. de Maurepas est le premier homme au monde pour les parades". Dès le début, ce choix entraîna des luttes d'influence et des intrigues de cour menées par Choiseul qui finit par s'imposer. Le ton était donné. Devant l'indécision et la faiblesse d'un Louis XVI qui ne se décidait pas à faire autorité, la lutte des partis semblait inévitable.

Les parlementaires étaient soutenus par la famille d'Orléans. En face, le parti de Mesdames avait pour lui le clergé qui ne se souvenait que trop de la persécution dont les jésuites avaient été victimes. Le "rappel des parlementaires" fut une première crise du règne et une des premières défaites du roi.

Marie-Antoinette fut rapidement impopulaire. Une fois le dauphin né (1785), le peuple se retourna contre elle. Le dauphin était très attendu, d'autant que la vie conjugale des souverains ne commença que sept ans après la célébration de leur mariage. Mais outre un dauphin, la France attendait des réformes. La reine s'opposa aux ministres "réformateurs" et le roi ne fit pas appel à eux. Enfin, la machination de l'affaire du Collier acheva de discréditer injustement Marie-Antoinette. La méfiance vis-à-vis de la royauté s'en trouva aggravée. Ce scandale confirma l'impression que l'on avait alors que certains pouvaient être malhonnêtes en toute impunité. Terminons ce portrait de la reine par le récit de sa rencontre avec Fersen, décrite par le comte de Saint-Priest. "La reine l'aperçut et fut frappée de sa beauté. C'était, en effet, alors une figure remarquable. Grand, élancé, parfaitement bien fait, de beaux yeux, le teint mat mais animé, il était fait pour donner dans l'œil d'une femme qui cherchait les impressions vives, plus qu'elle ne les redoutait."

Dans un premier temps, Louis XVI soutint aux Finances Turgot malgré les attaques des parlementaires. Puis il remplaça Turgot par Necker. La jeunesse se passionnait alors pour l'Amérique, terre de liberté. Dans ce conflit qui devait amener treize états à proclamer leur indépendance, la France était opposée à l'Angleterre. Mais seule la jeunesse et, parmi elle, les nobles montraient de l'enthousiasme pour cette guerre qui dans l'ensemble fut impopulaire, d'une part parce qu'elle était coûteuse, et d'autre part, parce qu'elle ne défendait pas vraiment des intérêts français. L'investissement paraissait considérable pour une gloire que les Français ne virent pas.

Pour se procurer de l'argent, Necker fut dans l'obligation d'emprunter, ce qui ne fit qu'augmenter le déficit de l'Etat que les plaisirs de la cour ou les caprices de Marie-Antoinette avaient largement contribué à alimenter. Pour avoir produit les comptes du royaume, Necker dut démissionner. D'emprunt en emprunt on en arriva à une situation telle que Calonne, le nouveau ministre des Finances, se trouva contraint de réunir les notables, afin que soit modifié le système financier. Cette assemblée n'y suffit pas et il fallut convoquer les états généraux, seule instance d'après les lois fondamentales du royaume à pouvoir mettre en place de nouveaux impôts. A noter qu'en d'autres temps, d'autres rois ont réussi à contourner cette loi. Mais à la veille de 1789, un tel contour n'était pas possible.

Cependant, il faut souligner à la décharge de Louis XVI ou de son gouvernement, que tous les domaines n'étaient pas dans un tel marasme que celui que connaissaient les finances. Le commerce, l'agriculture et l'industrie, les trois piliers de l'économie française, se portaient plutôt bien. Cela s'explique par ce souffle nouveau que les économistes et philosophes ont réussi à apporter à l'économie et à l'administration de la France. Mais la monarchie agissait alors comme un frein sur ce vent de réformes caractéristique de la seconde moitié du XVIIIᵉ siècle.

Page 150 :
Marie-Antoinette, future dauphine de France
Jean-Baptiste CHARPENTIER (1728-1806) d'après DUCREUX

Rien n'avait préparé la jeune princesse autrichienne à affronter un statut de reine dans un pays en proie à une crise économique et soumis à l'influence grandissante de l'esprit démocratique. De plus, elle ne sut pas s'entourer, ce qui contribua grandement à son impopularité.

L'instauration du libre-échange fut fatale au pouvoir monarchique. Les émeutes de la faim se multiplièrent dans la capitale. Les mauvaises récoltes de deux années consécutives achevèrent de faire monter la colère du petit peuple.

En 1789, le règne de Louis XVI n'est pas terminé, il se modifie. Au cours de cette seconde phase qui correspond à l'ouverture des hostilités, le roi va accumuler des erreurs qui lui seront fatales. Louis XVI commença par refuser au Tiers-état le vote par tête. Ce refus obligea les états généraux à se déclarer assemblée nationale. La suite est connue. L'agitation s'amplifia et les Parisiens se rendirent maîtres de la forteresse de la Bastille. La nuit du 4 août les privilèges féodaux étaient abolis. L'Ancien Régime succombait. Si la monarchie continuait, elle serait désormais constitutionnelle. Louis XVI tenta alors de s'échapper avec la famille royale et avec la complicité de Fersen. Mais il fut découvert à Varennes. Vaincu, le roi de France est contraint de signer la fidélité à la Constitution. Par la suite, il sera l'otage de cette assemblée qui ne saura quel rôle accorder à cet encombrant souverain. Le roi est alors enfermé au Temple. Il n'en sortira que pour monter sur l'échafaud. Le verdict condamna le citoyen Louis Capet.

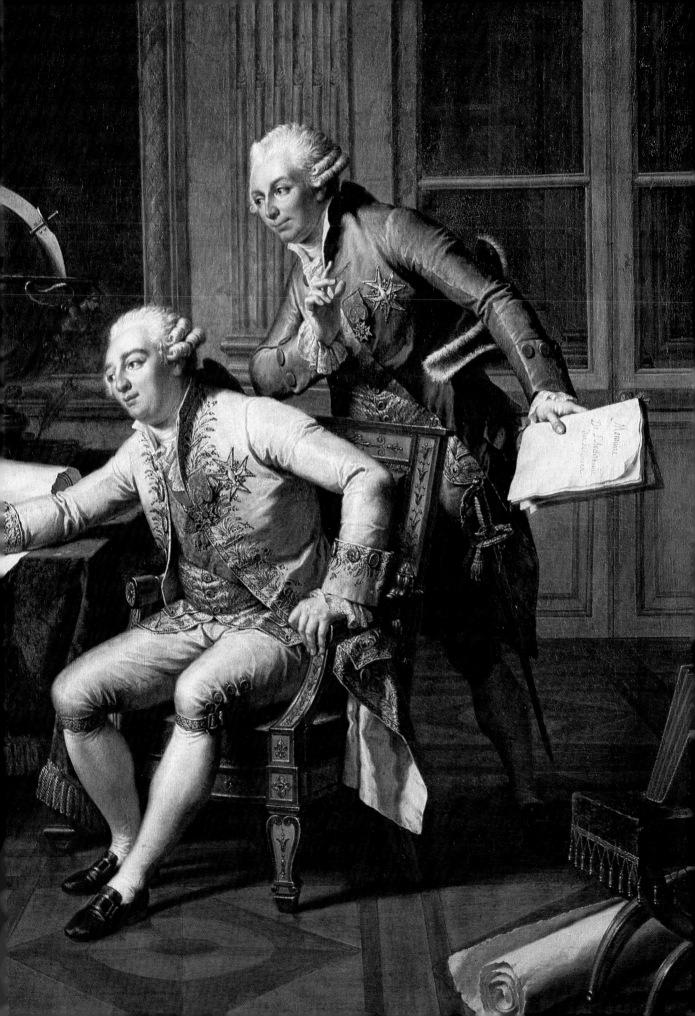

Ci-contre :
Le dauphin Louis XVII en 1792
Alexandre KUCHARSKY (1741-
1819)

*Louis XVII reçut le titre de
Dauphin en 1789, à l'âge de quatre
ans, car son frère aîné venait de
mourir. Trois ans après, il était
incarcéré au Temple avec ses parents.
Il mourut en 1795 et le secret qui
entoura ses funérailles a suscité de
nombreuses interrogations.*

Ci-dessus:

Louis XVI au pied de l'échafaud
Charles **BENAZECH** (1767-1794)

La nuit du 4 août 1789 devait marquer une tentative de conciliation entre les idées de la Révolution et la monarchie. Mais la triste fuite à Varennes (21 juin 1791) *discrédita totalement la famille royale. Le 14 septembre 1791, Louis XVI fut cependant appelé à prêter à nouveau serment à la Constitution, devenant ainsi roi des Français. Enfin, la maladresse du manifeste de Brunswick (25 juillet 1792) menaçant lourdement les révolutionnaires s'ils portaient* *atteinte aux personnes de la famille royale déclencha l'insurrection du 10 août 1792, proclamant la chute de la royauté. La famille royale fut enfermée au Temple. Son procès commença le 3 décembre. Le 21 janvier 1793, Louis Capet fut déclaré coupable et guillotiné.*

Louis XVIII

1755-*1814*-1824

Louis XVIII est le petit-fils de Louis XV, le frère de Louis XVI, de même que le comte d'Artois le futur Charles X. En 1771, il épouse Marie-Joséphine de Savoie. C'est l'esprit le plus éclairé de la famille. Il aime afficher son goût et sa connaissance de la littérature. Il tient de célèbres salons et se montre parfois hautain, comme en témoigne cette lettre de Marie-Antoinette : "Je n'ose parler devant lui depuis que je l'ai entendu à un cercle reprendre pour une petite faute de langue la pauvre Clotilde (sa sœur) qui ne savait où se cacher". Le comte de Provence, avant de devenir Louis XVIII, témoigne une profonde antipathie à sa belle-sœur, la reine.

En 1788, il se prononça au cours de l'assemblée des notables pour une double représentation du Tiers, ce qui contribua à le rendre populaire. De même, il refusa de s'allier aux princes dans leur "pétition" contre la réunion des états. Plus que Louis XVI, le comte de Provence avait senti les dangers qui menaçaient la monarchie et les concessions nécessaires. Il se préoccupait de l'avenir, ce qui le fit s'intéresser tout particulièrement aux évolutions de l'opinion publique.

Malgré sa relative lucidité, il fut contraint de s'exiler la même nuit que le roi et la reine, et il réussit à atteindre Bruxelles. Pendant vingt-deux ans, il restera émigré et ne cessera d'intriguer et de comploter contre la France. Il contribuera à provoquer la guerre civile en envoyant ses propres agents, d'ailleurs particulièrement efficaces.

A la mort de Louis XVI, le comte de Provence prit le titre de régent et proclama le dauphin roi sous le nom de Louis XVII. A la mort de ce dernier, il se fit appeler roi de France et multiplia les actions pour que ce titre devienne une réalité. Il régnait à l'étranger, à tel point qu'en 1803, Napoléon lui proposa de renoncer à ses prétentions (contre de forts subsides). Mais, quatre ans plus tard, le roi de France exilé s'installait en Angleterre, le reste du continent se trouvant aux mains de l'Empereur. Il attendait une erreur de Napoléon ; elle arriva...

La Restauration fut plus le fait des étrangers et du peuple français que des royalistes. La nation était alors épuisée et l'Empire prêt à tomber. Le 3 avril 1814, la déchéance de Napoléon fut prononcée par le Sénat. Quelques jours plus tard, Louis XVIII débarquait à Calais et promettait un régime constitutionnel. Il refusa la constitution du Sénat sans pour autant en proposer une nouvelle. Le nouveau roi de France finit par rejoindre son trône, mais un peu tard. Il était impotent, souffrant d'obésité et de goutte. Il ne montrait qu'un intérêt tout à fait relatif pour les affaires de l'Etat et en cela il était bien un homme de l'Ancien Régime.

Le traité de Paris, peu populaire, et la disgrâce du favori, Blacas, jugé trop réactionnaire, permirent à Napoléon de triompher sans problème lors de son retour de l'île d'Elbe en 1815. Louis XVIII se réfugia alors à Gand. Et cent jours plus tard, ce fut encore grâce à l'étranger qu'il remonta sur le trône. Mais cette fois il fut contraint d'accepter les conditions du second Traité de Paris.

Une fois encore, les mesures jugées trop réactionnaires ne rallièrent pas l'opinion. De fait, la chambre élue était plus royaliste que le roi. Ce fut la fameuse "Chambre Introuvable". Elle fut dissoute. C'était là le commencement de sempiternelles discussions au Parlement afin de trouver un gouvernement qui puisse satisfaire un maximum de représentants. L'assassinat du neveu de Louis XVIII, le duc de Berry, obligea une nouvelle fois le roi à dissoudre l'assemblée. La chambre fut alors "ultra-royaliste" et le ministère Villèle marqua un summum de la politique réactionnaire.

Lorsque Louis XVIII meurt, il s'est depuis longtemps déjà désintéressé de l'avenir de sa dynastie ou, plus exactement, son impuissance flagrante à gouverner avec une Chambre l'a éloigné des affaires de l'Etat.

Charles X

1757-*1824-1830*-1836

Frère de Louis XVI et de Louis XVIII, Charles X monte sur le trône à la mort de ce dernier, en 1824. D'emblée, il se présente comme le chef de la contre-révolution. Il est à la tête de ceux qui sont plus royalistes que le roi et que l'on appelle les ultras. Il est contre la monarchie constitutionnelle et veut retrouver le pouvoir qu'il aurait eu avant 1789 sans rien concéder. Plus encore que Louis XVIII, il est un homme de l'Ancien Régime.

Dès son arrivée sur le trône, il tente un acte autoritaire en faisant voter quatre lois fort peu populaires. Désormais les crimes religieux sont punis de mort, la censure est rétablie pour les journaux, la Garde Nationale mise en place sous la Révolution est congédiée, enfin les émigrés dont les terres ont été confisquées sont « royalement » indemnisés. Tout ceci est rendu possible car la loi du double vote qui permet au quart des électeurs payant le plus de voter deux fois, donne une Chambre où dominent les ultras. Charles X garde le ministre conservateur de Louis XVIII, le comte de Villèle.

Mais le peuple gronde, la colère monte et le nouveau souverain se trouve dans l'obligation de remercier son ministre après avoir dissous la Chambre. Aux nouvelles élections de 1827, ce sont les libéraux qui, cette fois, sont majoritaires. Et c'est là qu'apparaît de manière éclatante le manque de sens politique de Charles X. Démuni, se sentant menacé par cette nouvelle Chambre, le roi fit l'erreur d'appeler auprès de lui Jules de Polignac, un ultra, pour former le nouveau gouvernement. Suite à l'« Adresse des 221 » signée par les députés qui constatent un désaccord entre les options politiques du gouvernement et les aspirations du peuple, la Chambre est une nouvelle fois dissoute. Tout semble montrer qu'il est impossible pour le roi de gouverner avec une Chambre.

C'est alors que le gouvernement qui porte les lauriers de la victoire d'Alger du 5 juillet 1830 promulgue le 25 juillet les quatre ordonnances qui sont une véritable provocation à l'égard de l'opposition et qui entraînent la révolution de Juillet. Par ces ordonnances, le roi montre qu'il souhaite gouverner sans consulter la Chambre.

Alors les barricades se lèvent à l'instigation des journalistes, étudiants, employés et ouvriers. Le peuple combat sous la bannière tricolore et l'armée ne peut que se rallier. Les Trois Glorieuses sonnent le glas de la monarchie.

Charles X a beau retirer ses ordonnances, il a été trop loin et la situation est irréversible. Les libéraux appellent alors le duc d'Orléans descendant du Régent, neveu de Louis XIV. Louis-Philippe répond à l'appel, embrasse La Fayette à l'Hôtel de Ville, se drape dans les trois couleurs et chante la Marseillaise. Les Orléanistes triomphent. Charles X tente d'abdiquer en faveur de son petit-fils, mais il est trop tard, le roi sera désormais citoyen.

Page en regard :
Charles X rentrant à Paris après la mort de Louis XVIII
Nicolas-Louis GOSSE (1787-1878)

Charles X succède à Louis XVIII mort dans une indifférence générale. Il affiche, par rapport à son frère, un ultra-royalisme qu'il croit susceptible de ramener à l'Ancien Régime. Or, Paris est devenu le pôle d'attraction des ouvriers et des artisans saisonniers, population masculine et célibataire très facile à soulever. Très vite, les députés marquent leur désapprobation par «l'adresse des 221». Les ordonnances du 25 juillet 1830, la modification de la Charte et la suppression de la liberté de la presse conduisirent immédiatement aux Journées de Juillet. Charles X dut s'exiler après six ans de règne.

Louis-Philippe

1773-*1830-1848*-1850

Fils de Philippe-Egalité et de Louise de Bourbon, le duc d'Orléans comme son père s'est rendu fameux sous la Révolution par ses idées libérales. Il est entré au club des Jacobins. Tout alla bien jusqu'à ce qu'il soit compromis dans le complot Dumouriez. Il fut alors obligé de se réfugier à l'étranger, comme les Bourbons. On a dit que Dumouriez avait contribué à réveiller en lui ses ambitions monarchiques et à lancer ainsi l'idée d'un parti « orléaniste ».

A partir de 1800, Louis-Philippe tenta de se réconcilier avec Louis XVIII qui fit preuve d'une grande résistance. En 1814, Louis XVIII consentit à lui restituer les biens de son père qui avaient été confisqués. Mais il le jugeait toujours suspect et Louis-Philippe dut rester exilé en Angleterre jusqu'en 1817. C'est à cette date que devant l'insuccès de son cousin, il commença à envisager sérieusement son avenir politique. Le 7 août 1830, il parvint à se faire nommer non pas roi de France, mais roi des Français, et ce, au bénéfice des événements.

Ce règne ne fut pas de tout repos, car nombreux étaient ceux qui jugeaient que ce pouvoir précaire pouvait facilement se remplacer. Cependant le roi-citoyen réussit à mater l'insurrection des démocrates tout d'abord, puis la tentative légitimiste de la duchesse de Berry, et enfin les sanglantes émeutes de Lyon ainsi que les insurrections menées par Barbès et Blanqui. Les deux tentatives de coup d'État de Louis Bonaparte furent également des échecs. Il est évident que beaucoup souhaitaient alors gouverner la France mais la Monarchie de Juillet tint bon. Louis-Philippe lui-même échappa de justesse à des attentats.

Sa politique extérieure ne satisfaisait pas particulièrement l'opinion. Elle était davantage dictée par les mariages de ses enfants que par les intérêts de la France. C'est ce que l'on a appelé la politique « familiale ». C'est ainsi qu'il perdit l'amitié de l'Angleterre. Par ailleurs, la politique coloniale en Algérie inaugurée par Charles X fut freinée. Louis-Philippe refusa toujours obstinément de changer le système électoral qui était alors censitaire. Ce cens ne fut pas abaissé comme beaucoup le demandaient. C'est cette obstination qui le fit tomber en 1848. Sous son règne la France s'industrialise et la société française se modifie en profondeur. Louis-Philippe s'exila en Angleterre après avoir abdiqué en faveur de son petit-fils, le comte de Paris.